本土決戦　戦跡ガイド（Ｐａｒｔ１）

――写真で見る戦争の真実

はじめに

筆者は、今年2月、韓国・済州《チェジュ》島を訪れた。同島での日本軍の戦跡を調査・保存をしている「済州歴史文化振興院」のワークショップに招かれたからだ。

この地を訪れて驚いたのは、本土決戦関連（アジア太平洋戦争）の日本軍戦跡が多数残されていることもさることながら、これらの戦跡を調査・保存している済州島の人々の努力である。この人々の尽力で、島に散らばる日本軍軍事施設の中の、洞窟陣地・掩体壕《えんたいごう》・高射砲陣地・特攻基地などの13カ所が、すでに「近代文化遺産登録文化財」として指定されている。

本来、当時の植民地下での、日本軍によって苦役を強いられた人々にとって、このような軍関連施設は早く忘れ去りたいものだろう。だが、済州島の人々は、日本軍の「侵略の真相を究明する歴史的現場」として「世界的価値を有する」として、保存することにしたのである。

この済州島の本土決戦を中心とする戦跡調査は、韓国政府の支援もあってなお継続中であるが、翻って日本での戦跡保存の実態を見るとお寒い状態だ（筆者は、ここ数年、サイパン、テニアン、グアムなどのマリアナ諸島の戦跡調査も行っているが、これらの島々でも韓国と同様、戦跡の保存がしっかりなされている）。

ところで、筆者は、この書籍を執筆するに当たり、改めて全国の戦跡調査を行っているが、かって所在していたアジア太平洋戦争関連の戦跡が崩落していたり、開発の名の下で撤去されるといった状況をあちらこちらで見てきた。つまり、今日本では、あの戦争の生きた証言者―戦争体験者の高齢化・死亡とともに、戦争の傷痕もなくなりつつあるのだ。

しかし、アジア太平洋戦争の「生きた証人」でもある戦跡を消滅させてはならない。最近では、戦争体験者の証言を記録する運動が広がりつつあるが、これと同時に戦跡についても調査・保存の運動をもっと進めるべきだ。もし、これらの戦跡を消滅するままにしておくとするなら、おそらく、あと十数年、二十数年で全国の戦跡はほとんど消滅するだろう。そして、その戦跡の消滅と同時に、戦争の記憶も人々の中から忘れ去られてゆく。

3・11後、東北大震災の被災地で、被災を象徴する船や建物を撤去すべきかどうかの議論が巻き起こっているが、もしもこれらの震災被害のモノを撤去したら、100年後にはこの大震災の被害は、人々の記憶の中から消え去ってしまうだろう。つらい記憶も、再び同じ被害を出さないためには、後世の人々のために残さなくてはならない。

戦争の記憶も同様だ。戦争体験者―戦跡の消滅は、再び同じ出来事を繰り返させる。このためにも、戦跡を保存する運動を続けているボランティア団体だけでなく、各地の自治体・教育団体などの行政においても、これらの戦跡の保存に取り組むことを要望したい。

2012年9月15日

著　者

目次

第3章　本土決戦のもう一つの主舞台・東京湾要塞地帯　95

第4章　首都での本土決戦態勢　127

註　本書は、主に東日本の戦跡について掲載。本土決戦の九州を中心とする西日本の戦跡については、本シリーズのＰａｒｔ2に執筆する予定。

第1章　北海道トーチカ地帯を歩く

北海道・大樹町のトーチカ

■波打ち際にトーチカが連なる大樹町の太平洋沿岸

太平洋岸のトーチカ地帯

筆者はここ数年、サイパン―グアムなどの戦跡調査を行ってきたが、太平洋各地の戦跡の中でもそこに今なお厳然として存在するトーチカには強い関心を持ってきた。

というのは、かつての戦争の戦跡が各地で失われていくなかで、今なお残るトーチカがあの戦争の実態を象徴的に表しているかのように見えるからだ（トーチカとは、ロシア語でいう防御用陣地であり、日本軍では「発火点」、英語では「ピル・ボックス」という）。

日本国内では、このトーチカを含めほとんどの戦跡が取り壊されてしまった。だが、ここ10年ぐらいだろうか。戦争の傷痕を残すために多くの人々が各地で戦跡調査を行い、全国で埋もれたままになっていたトーチカなどを発見してきた。そのトーチカをはじめとする戦跡が、続々と現れたのが北海道だ。

北海道の、根室―釧路―十勝川河口―大樹《たいき》町―苫小牧と続く太平洋沿岸一帯は、旧軍が構築

した異様なトーチカ群が延々と続く。まさに噂に聞く以上にこのトーチカ群は雄大だ。

これらトーチカ群が造られたのは、もちろん、対ソ戦のためではない。対米戦だ。

1942年5月、米軍のアッツ島上陸後、全軍玉砕した日本軍は、迫り来る米軍のアリューシャン方面での侵攻に対し、千島列島そして東部北海道の防御態勢に本格的に乗り出した。

さらに、1944年7~8月、大本営が絶対国防圏として設定したマリアナ諸島のグアム・サイパン・テニアンの失陥によって、米軍の本土爆撃が激化し本土決戦必至の情勢が迫ると、陸軍は北海道東部だけでなく、その太平洋沿岸一帯にトーチカなどの防御陣地を構築し始めた。

この北海道太平洋沿岸一帯には、数十のトーチカが築かれたと言われるが、現在、十勝―釧路沿岸部で24基、根室沿岸部で14基、そして勇払平野一帯でも数十基のトーチカが確認されている（この他、網走沿岸部でも多数が確認）。

新たに発見された巨大トーチカ⑭

中でも、このトーチカ群の多数が残されているのが、十勝川河口一帯、とりわけ、大樹町の沿岸部だ。ここには、旧陸軍第7師団によって、約40基のトーチカが造られたと言われるが、そのうちの15基がほとんどそのままで残されている（この他、広尾町に7基、浦幌町に1基が現存）。

この大樹町のトーチカ群は、水際陣地として汀線近くの段丘に多数が造られただけでなく、後方の大樹町に至るまで「縦深陣地」として造られたという。しかし、当時の物資、とりわけ鉄材の不足から、コンクリート製のトーチカだ

「トーチカ」とは、ロシア語で「点・地点」の意味で、軍事的には重要な地点を守るためコンクリートなどを固めて造った小型の防衛用陣地である。大樹・広尾・浦幌など太平洋沿岸にあるトーチカは太平洋戦争末期の昭和１９年（１９４４年）５月、第７師団（通称熊部隊）の「沿岸築城整備要領」に基づき第３１警備隊及び第３２警備隊が、米軍の本土上陸に備えて構築に着手し、同年１２月までに数多くのトーチカを作ったものである。資材は現地調達で施工は困難を極めたが使用されることはなく、昭和２０年８月終戦となった。大樹町のトーチカは、水際と内陸部に造られ、コンクリート製の１５基が確認されている。
このトーチカは内陸に造られたものの一基で平成２０年（２００８年）町有林の伐採作業中に土に埋まった状態で発見された。
銃眼
銃眼
出入口
トーチカ平面図
大樹町教育委員会

けでなく、木製のトーチカも造られた（この木製トーチカは、今はほとんどが壊れてしまった）。

さて、前々頁とこの上の写真のように、08年9月、大樹町では新たな巨大トーチカが発見された。同町の旭浜沿岸の町有林の伐採作業中に、3㍍の土中から偶然にも発見されたのだ。

このトーチカは、八角形の形状という珍しい形だけでなく、高さ3・5㍍、全周26㍍、銃眼の厚さ1・8㍍、北と東向きに二つの銃眼を持つ、というものだ。

このトーチカのもう一つの特徴は、その発見された位置にある。この場所は、旭浜の汀線から約500㍍と、他のトーチカの位置とは全く違っている。つまり、この大樹町の防御陣地が、縦深陣地として造られたことを表しているのだ（大樹町では、戦争遺跡としてこのトーチカを含め保存を決定している）。

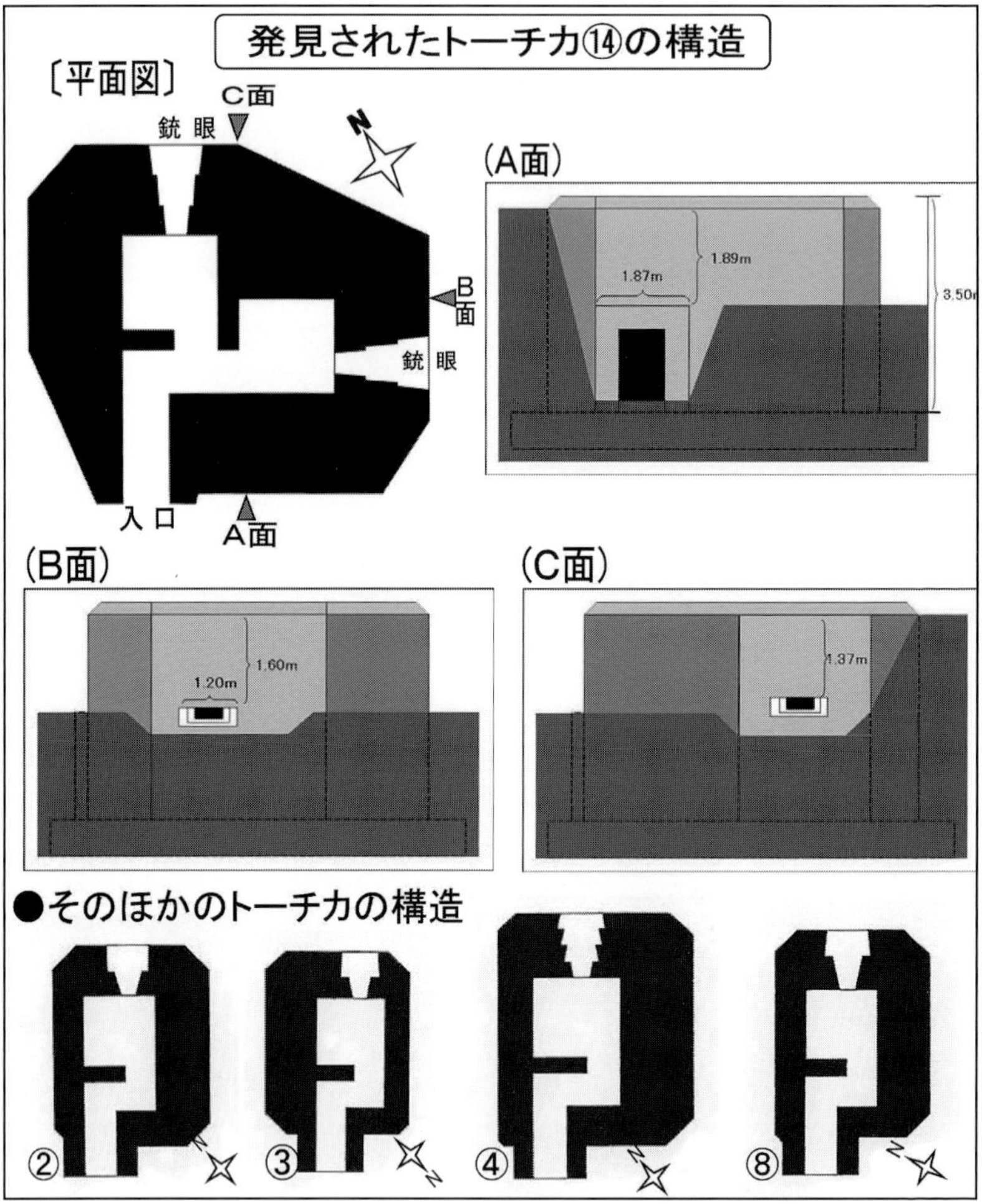
発見されたトーチカ⑭の構造
〔平面図〕
C面
銃 眼
N
B面
銃 眼
入 口
A面
(A面)
1.89m
1.87m
3.50
(B面)
1.60m
1.20m
(C面)
1.37m
●そのほかのトーチカの構造
②
③
④
⑧

2008年に新たに発見された巨大トーチカの構造。大樹町および北海道の他のトーチカとの違いは、銃眼が2個あること。そのため、内部の防弾壁も二つが造られている(資料は、大樹町教育委員会から一日本建築学会北海道支部の小野寺一彦氏提供)。

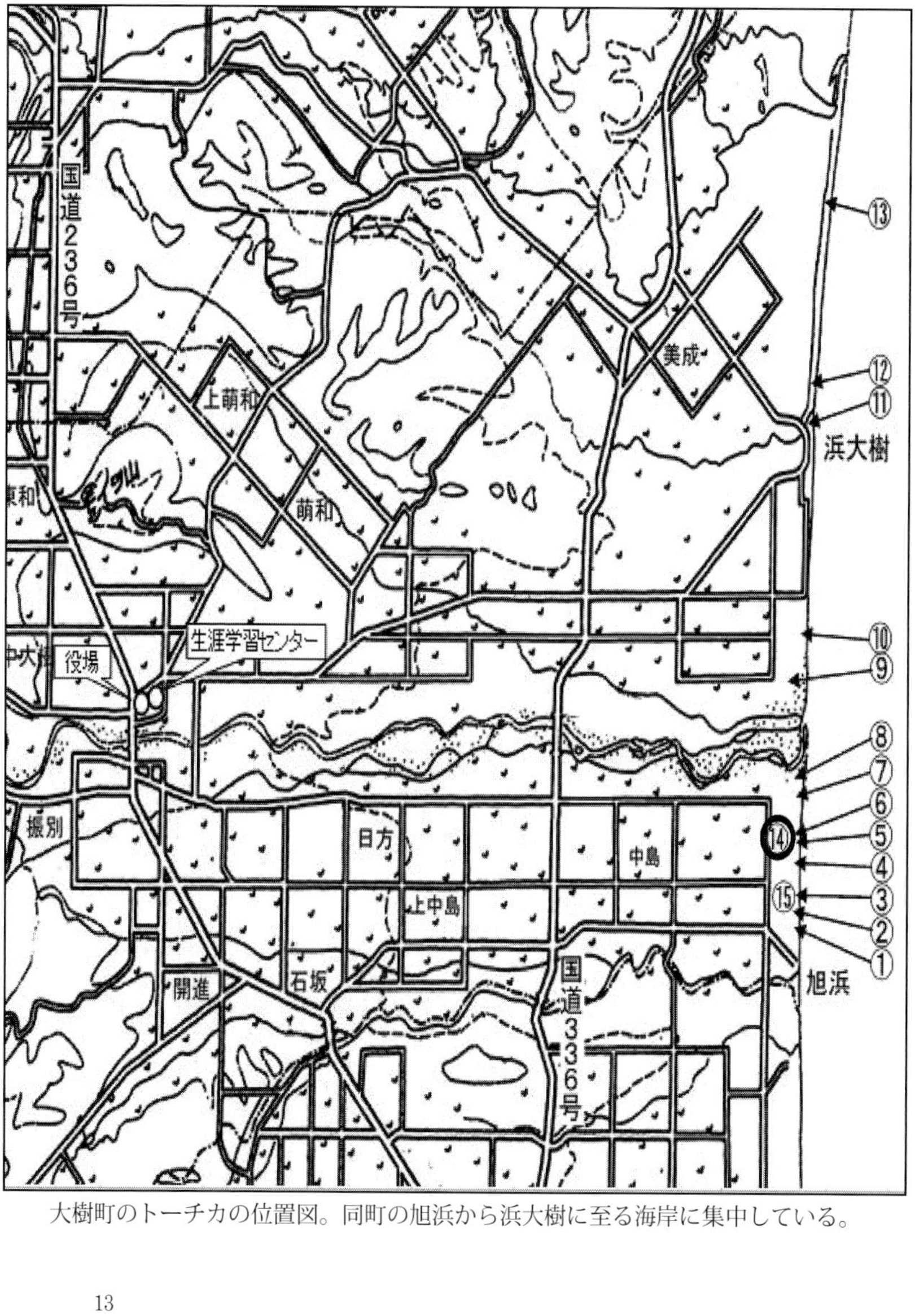

大樹町のトーチカの位置図。同町の旭浜から浜大樹に至る海岸に集中している。

旭浜のトーチカ群

崖の下に張り付いたトーチカ①

大樹町の市街から海岸に向かっておよそ10キロ、周辺に牧場が広がる直線道路をひたすら走る。海岸が近づくと、旭浜漁港が見えてくる。

その漁港から東の方向を見渡すと、海岸線に沿って大樹のトーチカ群が点々と現れる。

トーチカの間隔は、およそ100〜200メートル、銃眼の位置からすると、2基のトーチカが一対になっている。つまり、互いに依存しあっている。間隔が200メートル前後開いているトーチカ、対になっていないトーチカは、おそらくすでに海没してしまったのだろう。

周辺には、人影がまるでない。不気味なくらいの静寂が辺りを支配する。ここで60数年前、多くの兵士がこのコンクリートの内部に立てこもっていたのだ。10数メートル先には、荒々しい船影ひとつもない太平洋の海原が広がっている。

＊これは海岸の崖にへばりついている。かつて砂丘の位置にあったのだろう。内部の保存はとてもいい。銃眼は海岸に向かって右（以下同様に表記）。銃眼のコンクリートの厚さは1・90メートル。

土台が波に流されつつあるトーチカ②

＊かろうじて海に流されずに残っている。銃眼は左を向いている。その厚さ1・35メートル。

内部に立って入れるトーチカ③

＊珍しく内部に立ったまま入れる。中には、ほとんどゴミもなく保存状態もよい。銃眼は右に向く。銃眼のコンクリートの厚さは１・35㍍。これら全てのトーチカは渚から十数㍍にある。

1・90メートルの銃眼の厚さを誇るトーチカ④

*トーチカ③とは、約200㍍以上も間隔が開いている。対になるトーチカが流されたのか。銃眼は左を向き、コンクリート1・90㍍ととても厚い。大樹のトーチカでは2番目の厚さだ。

砂浜に半ば埋もれたトーチカ⑤

＊写真のように、砂浜に半ば埋もれてしまった。銃眼は右に、厚さはコンクリート1・76メートル。

砂浜にほとんど埋もれたトーチカ⑥

＊その⑤とわずか50㍍しか離れていないのが、このトーチカ。ほとんど埋もれてしまって、銃眼の位置も厚さも分からなくなっている（海岸の丘陵地帯には、左のように原生花が咲いている）。

巨大な銃眼の厚さを誇るトーチカ⑦

＊⑥のトーチカから200㍍以上離れ、屋根に草が生えていて可愛らしい。この銃眼のコンクリートの厚さは2・5㍍。かつて筆者の見たトーチカでは最大だ。銃眼は左を向く。

2・5㍍を誇る巨大トーチカの銃眼は何層にもわたっている（上は内側から）

外側から見たトーチカ内部

上部に花の咲いたトーチカ⑧

＊小さいトーチカだが、屋根に花が咲き乱れている。銃眼は左を向き、厚さ1・27㍍。

■米軍の最初の上陸予想地点・根室に眠るトーチカと掩体壕

根室・友知《ともしり》のトーチカ

7月の早朝、JR根室駅は濃い霧に覆われていた。駅前から根室半島の納沙布《ノサップ》行きのバスに乗り約15分、東南5キロほどのところにある友知海岸は、駅前よりもいっそう深い濃霧に覆われている。視界は50㍍あるだろうか。

この視界の悪い中にも、遠くの海岸近くに友知のトーチカがかすかに見える。『トーチカ』という映画の舞台にもなったというこの対のトーチカは、確かに広い原野の中で濃霧に包まれ、幻想的な風景を醸し出している。

深い雑草に足を取られ、ずぶ濡れになりながらトーチカに近づく。トーチカの造りは頑丈で70年近くたった今でも、厳として屹立している。中に入ってみる。真ん中の防壁で分けられた部屋からは、銃眼の明かりが見える。銃眼は海岸に向かって、やや斜め左（東）方向を向いている（上の右のトーチカ）。

銃眼のコンクリートの厚さは、約1㍍、トーチカは高さ3・7㍍、幅4・7㍍で、ほぼ四角形をしている。

およそ20㍍離れたもう一つのトーチカも、ほ

ぼ同じ大きさだ。二つとも汀線から約50メートルぐらいの位置にあるが、おそらく北海道の他の海岸と同様、当時の設置位置はもっと汀線から離れていたに違いない（左は友知海岸）。

木材を使用した友知のトーチカ

写真左・下は、前頁右のトーチカ。内部に入ると銃眼の周辺の板張りが目立つ。鉄材のみか、コンクリートも不足したといわれている。

写真左・下は、前々頁左のトーチカ。造りはほぼ同じだ。トーチカの内部は、少しゴミが散乱しているが、保存状態は悪くない。ここも内壁の至るところに木材がはみ出している。

根室・桂木のトーチカ

納沙布岬に行くバスから遠望できる友知のトーチカと違い、ここ根室・桂木のトーチカは、少し発見しずらい。市内の桂木地区にあるのだが、タクシーの運転手さんもここのトーチカの場所は知らなかった。

友知のトーチカから約数キロ海岸沿いの原野を西の方に歩くと、また対のトーチカが見えてくる。ちょうど、航空自衛隊の根室レーダーサイトの真下、海岸寄りの場所だ。左にそのレーダー基地の写真を掲載しているが、原野の中の砂利道を辿って行き着ける。

このトーチカも、二つの間がおよそ20メートル離れており、対のトーチカだ。銃眼も先のトーチカと同様、直接海岸方向を向くのではなく、左右のやや斜め方向の陸地を向いている。

つまり、これらのトーチカの造りからすると、正面に上陸してくる敵に対して、一旦やり過ごし、敵が通過していくところを攻撃するということだ。サイパン戦などの教訓だろう。

ちなみに、サイパン・グアムのトーチカは、ほぼ全てが海岸線に対して、やや直角に銃眼が

向いており、その銃眼も一個のトーチカで二つが標準で付いている。これに対し、北海道のトーチカは、大型のトーチカを除き、銃眼は一つだ。

崩落しかけた桂木のトーチカ

前頁写真左の根室・桂木のトーチカは、建物の構造もしっかりしている。屋根には雑草が生えおり、長い風月を忍ばせる。

だが、前々頁右のトーチカ（写真左・下も同じ）は、入口が完全に崩落し、建物の全体も痛みが激しい。おそらく、全体の崩落も時間の問題だ。

根室トーチカ群の保存を！

根室半島周辺のトーチカについては、旧陸軍で唯一、その建造した部隊の記録が残されている。第5方面軍第7師団傘下の第32警備隊・第33警備大隊長・大山柏少佐の陣中日誌という記録だ（『北のまもり』鳳書房、大山柏は大山巌の次男）。

「ベトン製銃座、二四ノ増設箇所ヲ決定ノ上、司令官ニ開陳シタル処、我ガ案ヲ容レラレ」

「友知附近ノ水際陣地ニ於ケルMG銃座ヲ決定ニ行ク。……MG二一・二二陣地ヲ決定シ、引続キ、中央一軒家附近ニ於テ、第一三陣地ヲ決定」（1944年7月30日、8月7日）

ベトンとはフランス語でコンクリートのことで、MGとはここではトーチカのことだ。

根室半島での本格的防御の最初の現場責任者である大山は、着任早々から連日、陣地構築に奮闘する毎日である。日誌には、連日、大隊長としてその陣地、とりわけトーチカ構築に励む現場の視察の様子が描かれている。

さて、この大山の日誌で分かるのは、「MG二八・二九陣地決定」と、およそ30前後のトーチカが造られていたことだ。実際、この根室半島周辺には、現在14基のトーチカが現存している。

戦史叢書『北東方面陸軍作戦』によると、第7師団は、対米軍上陸に際し桂木・友知間の海岸、花咲海岸の防御陣地を重視し、歩兵4個大隊分の陣地構築を命じていたという。おそらく、大山が記述している以上のトーチカが造られた可能性も否定できない。

ただ、惜しまれるのは、根室の歴史的なこの戦跡が崩落、消滅し始めていることだ。大樹町と同様、ぜひ歴史遺産として保存してほしい。

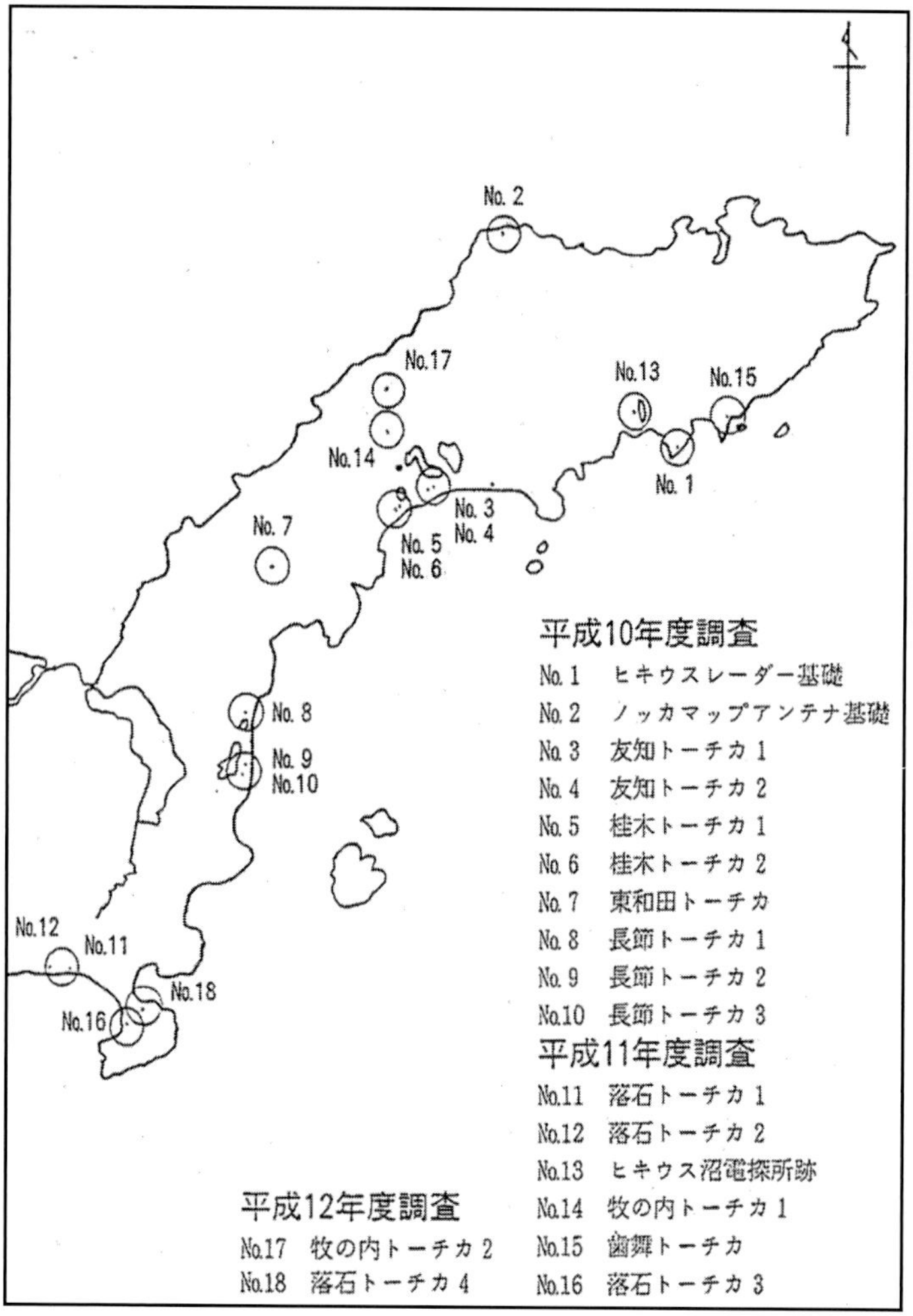
No. 2
No.17
No.13
No.15
No.14
No. 1
No. 7
No. 3
No. 4
No. 5
No. 6
No. 8
No. 9
No.10
No.12
No.11
No.18
No.16
平成10年度調査
No. 1　ヒキウスレーダー基礎
No. 2　ノッカマップアンテナ基礎
No. 3　友知トーチカ 1
No. 4　友知トーチカ 2
No. 5　桂木トーチカ 1
No. 6　桂木トーチカ 2
No. 7　東和田トーチカ
No. 8　長節トーチカ 1
No. 9　長節トーチカ 2
No.10　長節トーチカ 3
平成11年度調査
No.11　落石トーチカ 1
No.12　落石トーチカ 2
No.13　ヒキウス沼電探所跡
No.14　牧の内トーチカ 1
No.15　歯舞トーチカ
No.16　落石トーチカ 3
平成12年度調査
No.17　牧の内トーチカ 2
No.18　落石トーチカ 4

上の資料は「根室市博物館開設準備室紀要第 15 号」(2001 年) 掲載の根室市のトーチカ所在図。上のトーチカの中で長節（ちょうぼし）のトーチカの一つは、2007 年までに民間の工事のために解体されたことが確認されている。早急な保存が望まれる。

根室・牧の内の掩体壕

友知トーチカから、道道35号線をさらに納沙布岬方面に進み、左折して道道１０６４号線を北上、つまり根室半島を北に向かって横断すると、旧海軍の牧の内飛行場跡にぶつかる。

この道道脇に南北に広がる１２００㍍の滑走路跡は、今でもコンクリート跡がしっかり残っている（滑走路は１９４４年６月完成）。

この滑走路周辺に残るのが、旧海軍の掩体壕だ。ここでは当時、有蓋掩体壕が12基造られたというが、７基が今なお残されている。

ここの掩体壕は、写真に見るように飛行場跡—牧場の周辺に点在しているが、トーチカと同じく全く保存・管理されていない。掩体壕への立ち入りも自由にならないだけでなく、一部は崩落しつつある。強く保存が望まれる。

廃業した牧場の敷地に現存する牧の内掩体壕。左頁はその内部

下の写真は、営農している牧場近くの掩体壕。だが、その前には立ち入れないよう通電した柵が設置されている。次頁下の掩体壕は牧場の中の掩体壕。上は牧の内飛行場跡。

■釧路も米軍の上陸地点に予想された！

釧路の住宅地に佇むトーチカ

根室半島と同様、釧路の海岸地帯も米軍の上陸が予想され、防御態勢がとられた。この地を担任したのは、第7師団の歩兵第27連隊だ。

連隊は「春採および大楽毛《おたのしけ》北西側大地を両翼の拠点として釧路港から大楽毛にわたる海岸にベトン製トーチカを構築」（同戦史叢書）とあり、有力な防御陣地が築かれたことが分かる。

この記述を表すかのように、釧路の大楽毛海岸には下記のように住宅地の真ん中にトーチカが残されている（JR根室本線新大楽毛駅歩5分）。子どもの遊び場にもなっているトーチカは、汀線から約70㍍、銃眼のコンクリの厚さ1・47㍍の大きなトーチカだ（次頁は入り口と内部）。

釧路郊外台地の知られざるトーチカ

この新大楽毛駅の隣、大楽毛駅から西の釧白工業団地（通称すずらん団地）の道路脇の台地には、もっと頑丈なトーチカが残る。ここは最近発見されたばかりであまり知られていない。

トーチカの内部は土砂が溜まって入りづらく、奥の銃眼がようやく確認できる。ただ銃眼は、海岸の方向ではなく、どう見ても山手の方向を向いている。これについて戦史叢書では、「主正面を大楽毛方面に向けた横向き陣地」という記述があるから、このトーチカのことを指していると思われる。

釧路周辺には未だ発見されていない多数のトーチカ・戦跡が存在すると思われるが、たまたま筆者は、地元のタクシー運転手さんから、隣の新富士駅線路沿いのトーチカの存在を教わった。運転手さんと一緒に探したがそのときは見つけられなかった。だが、帰りの列車の中から線路沿いを眺めていると、偶然にもそのトーチカを見つけた。分からないはず。それは住宅の一部に同化（くっついて）していたのだ。

■米軍・北海道上陸の本命地点・勇払平野

むかわ町の崩落したトーチカ

苫小牧から、JR日高本線沿いの国道（235号線）を海岸沿いに襟裳岬方面に行くと、かつてチンタ浜と言われた汐見海岸・鵡川《むかわ》漁港に出る。この国道から漁港に入っていく道を少し行くと、海岸付近になにやら巨大な石の構造物が目に入る。これが、「鵡川河口トーチカ」と言われる巨大トーチカだ。

近寄ってみると、トーチカはすでに全体が崩落しており、入口も銃眼も皆目分からなくなっている。周辺には雑草が生い茂り、まさに「兵《つわもの》どもが夢の跡」であった（写真下・45頁上）。

トーチカは、波打ち際から20㍍ぐらいの位置にあるだろうか。海岸沿いに防潮堤が見えるが

（次頁）、かつての渚の位置はこの辺りだといわれている。

崩落しているとはいえ、このトーチカの大きさには驚かされる。上に登ってみるとその大きさが確認できる。トーチカはほぼ四角で、一辺の長さは約8㍍、高さは4メートルぐらいか。屋根の上には観測所が付いているという珍しい形だ（次頁下参照）。

記録によると、このトーチカには陸軍の一式機動47ミリ砲（対戦車砲）、同じく92式重機関銃2基が据え付けられていたという。

線路脇のチンタ浜踏切トーチカ

この鵡川河口トーチカから陸地におよそ数百㍍戻ると、地元では有名なチンタ浜踏切トーチカが見える。その名の通り、このトーチカはJR日高本線の踏切から数十㍍のところにある。

道路脇の畑地の中にあるから見つけやすい。

トーチカは、高さが2・5㍍ぐらいで、あまり大きくはない。銃眼の厚さも計測してみたところ1・08㍍ぐらいで、北海道のトーチカにし

てはコンクリートは厚くはない。銃眼は海岸方向を向いており、記録によると陸軍の92式機関銃用だと言われている。

内部に入ってみると、造りに特徴がでている。北海道で造られているトーチカにほとんどある防弾壁がないのだ。つまり、この構造は、サイパン・グアムなどでの仕様と同じである。

ＪＲ日高本線のチンタ浜踏切。踏切の北の方角にトーチカが見える。上はチンタ浜トーチカ

チンタ浜踏切トーチカの内部。防弾壁が造られていない。真ん中にあるのは銃座

多数のトーチカが残る勇払平野

インターネットによると、チンタ浜にはもう少しトーチカが残っているように書かれているが、筆者が地元の人々を含めて確認したところ、住宅地に傾斜して残っていたトーチカは、すでに撤去されていた。また、海岸の渚に残っていたトーチカは、すでに海没しており、その一部だけが上に露出しているだけであった。

地元の住人によると、鵡川漁港の台地の藪中にもトーチカが現存するとのことだったが、雑草に覆われ、見つけることはできなかった。

記録によると、米軍の北海道上陸、とりわけ札幌占領のための有力な上陸地点として予想された勇払平野―苫小牧から厚真町・むかわ町―には、まだ数十基のトーチカが残されているという。

ただ、この勇払平野のトーチカは、北海道の他の地帯と異なり、水際陣地だけでなく、縦深陣地も徹底して造られたことから、海岸から数キロ、あるいはそれ以上離れた山地にも造られている。となると、一個一個のトーチカを探すのは、とても時間のかかる仕事となるのだ。

鵡川河川敷にも軍事施設？

筆者は、この勇払平野、とりわけ鵡川の河川敷一帯を歩いたが、鵡川の河川敷は予想以上にだだっ広い。貴重な生物の生息地・繁殖地ともなっている河口一帯は、立ち入りが制限されているだけでなく、湿地帯となっているから動き回るにも困難だ。

下の写真は、旧軍の軍事施設と思われるが、わずか数十㍍先にあるのにどの方向から回ってもこの施設に近づくことさえできない。湿地帯を縦横に流れる川が妨害するからだ。おそらく、施設は軍の監視所のたぐいではないか？

■米軍の函館──青函空襲に役に立たなかった函館要塞

山頂の御殿山第一砲台跡

百万ドルの夜景と謳われる函館山頂からの眺め──だが、この地域が日本で有数の軍事要塞地帯であったことを知る人は少ない。

しかし、少しでもこの山の歴史に関心のある旅行者・登山者ならば、この山の全ての地域が要塞であったことを知るだろう。函館山のマップ（53頁上）には、ハイキングコースの中にいくつかの砲台跡が記されているからだ。

御殿山第一砲台、御殿山第二砲台、千畳敷砲台、薬師山砲台などが、それである。

函館山は1899年、日露戦争を想定して函館要塞地帯として指定され、以来1946年ま

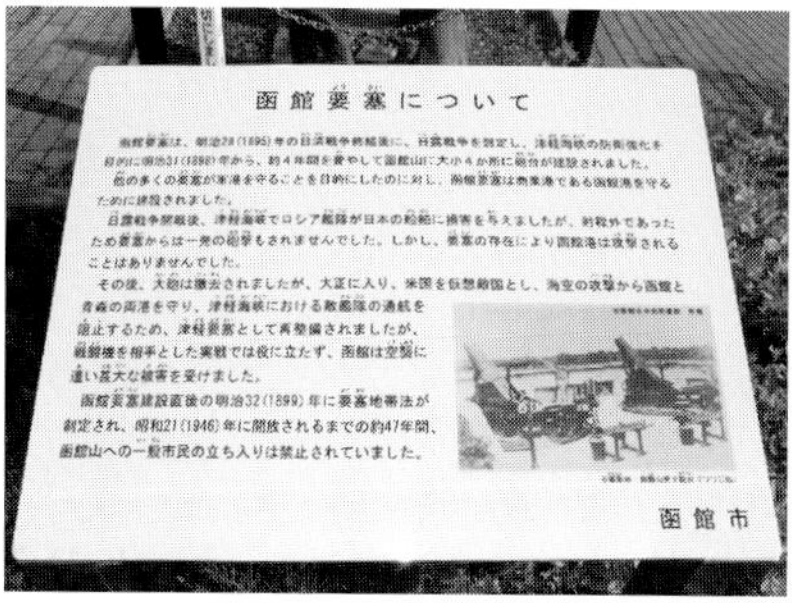

で、民間人の立ち入りは一切禁止されていた。

そしてこの間、日本は対露から対米へと仮想敵を変え、函館要塞から津軽要塞と名前も替えたが、その任務も津軽海峡防衛全般をも目的とすることになった。こうして函館山には、要塞砲台とともに高射砲陣地も設置された。

だが、要塞砲台は一度も火を噴くこともなく、米軍艦載機の空爆によって函館市街全域と、青函連絡船の全てを破壊された。

この戦争の記憶を市民の中に残すために、北海道はここを「函館山と砲台跡」として北海道遺産に登録している。

テレビ塔の地下にある
御殿山第一砲台跡

前頁の上と本頁は、いずれも第一砲台跡だ。ここはちょうどテレビ塔の真下にあり、ケーブルカーの出入口の脇道からつながる（危険のため立ち入り禁止）。前頁の壕の中へ入ると、上のように右手に兵舎があり、奥の方は広々としている。今ではテレビ塔の支柱が立っているが、この周辺に砲台などがあったのだろう。

ここには、函館湾に向けた28セ

ンチ榴弾砲四門が据え付けられていたという。

六門の砲台跡が残る御殿山第二砲台跡

この山頂からつつじ山駐車場に降りてくると、御殿山第二砲台跡の標識・案内図が建てられている（左・次頁）。

この標識の上の山の中に砲台跡があり、「要塞跡地案内図」には、その全図が示されている。

55～56頁の写真のように、砲台は山の頂を削り取って細長く造られ

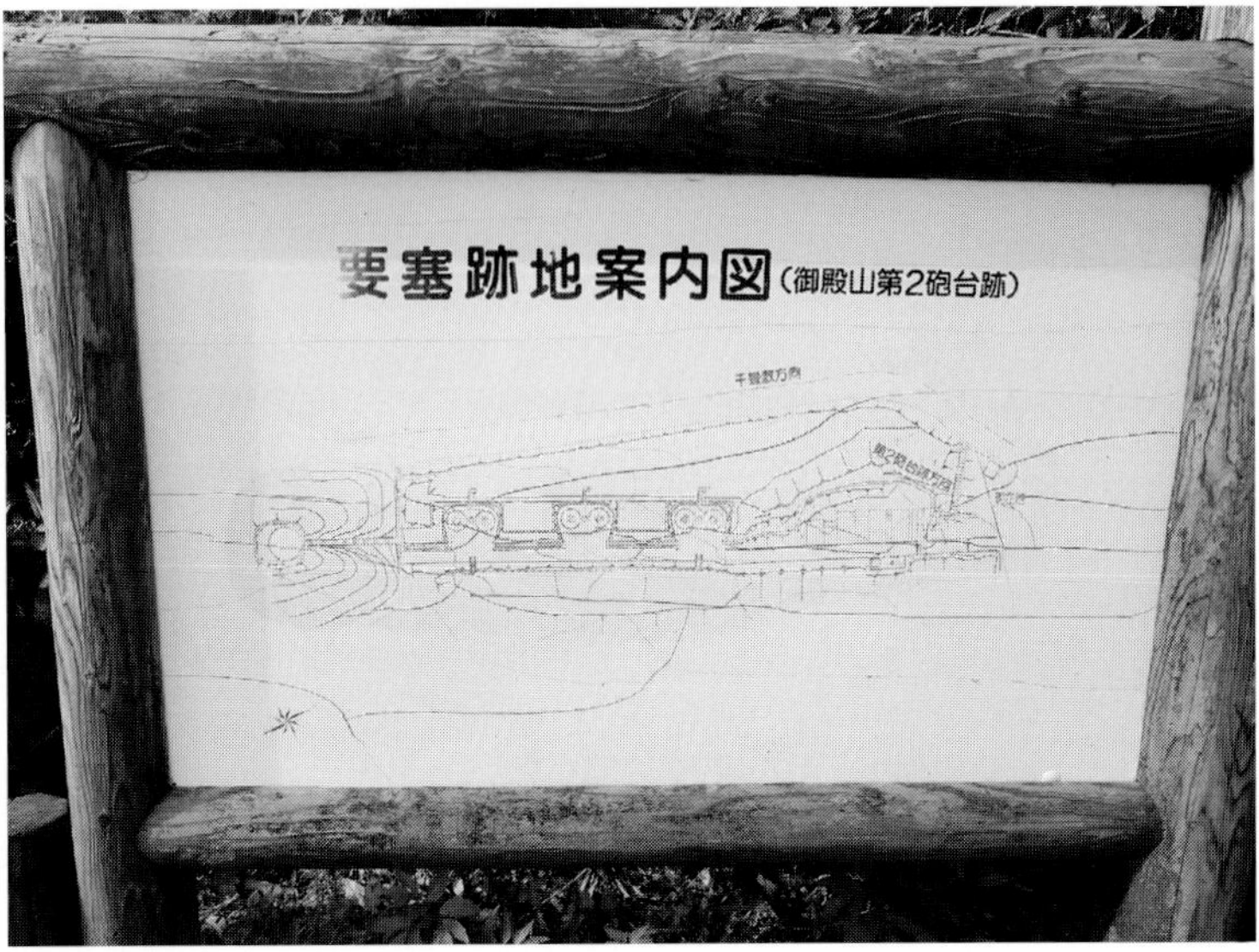

ている。

　一つの砲台に二つの砲座があり（55頁上）、この砲台三つが並んで置かれている。また、それぞれの砲台間には、地下階段を降りたところにある地下砲側庫が造られている（55頁下）。

　この三つの砲台の手前に掩蔽部・将校室・兵舎などが置かれているが、この砲台跡のこれらの壕の中は、現在、相当部分が崩落して入れなくなっている（57頁下）。

　この第二砲台にも、28センチ榴弾砲六門が設置され、それぞれが函館湾に向けて据え付けられていた。

　この28センチ榴弾砲は、日露戦争の旅順攻略で活躍した砲であるが（上）、

最大射程は7650㍍と短い。津軽海峡は20キロの幅があるからその半分にも到達しない。

太平洋戦争と津軽要塞への改称

1927年、函館要塞司令部は、津軽要塞司令部へと改称された。この名称変更は、単なる名称替えではなく、任務の大きな変更だ。つまり、従来、対ソのための函館防衛を任務としていたものを、対米のための津軽海峡の通峡阻止に加え、この司令部が渡島半島南部防御も担当することになったのだ。

したがって、函館地区には、要塞砲兵部隊だけでなく、陸上防御の要塞守備隊（歩兵など）も配置された。

そして、1945年、本土決戦が迫る中、函館への空襲対策として、高射砲陣地（一個大隊）も設置された。

＊次頁上・下は、第二砲台内の施設。赤煉瓦造りの建物が並んでいる。

危険につき壕内への

戦闘司令部跡が残る
千畳敷砲台跡

函館山マップには、しっかりと書かれているのに、現地に到着すると千畳敷砲台跡には、本当に迷ってしまう。というのは、この跡地に行くのに標識一つ立っていないからだ。

ところが、ここは、御殿山などのどの砲台跡と比べても一見する価値がある。惜しむらくは、ここにしっかりとした標識がないことだ。

さて、マップに示された場所に行くと、函館湾が見渡せる広い敷地に出る。この敷地の奥に小高い丘があり、ここに小さい獣道が付いている。この道を上っていくと、頂きの向こうにJR函館山無線中継所の建物が見える。

この中継所の下と、その手前のところに千畳敷砲台跡がある。

ここでの一番の見るべきものは、砲台の戦闘司令部跡だ。58頁の砲台から下へ降りていくと、司令部の各部屋が現れる。

　函館山の各砲台を指揮する電話室二室（前頁下）、戦闘司令部（59頁下・60頁上）など、まるで古代の遺跡のようだ。この建物も、全てが煉瓦造りで統一されている。保存状態も最良だ。とても70年近く前のものと思えない。

　この戦闘司令部壕を抜けると、先のＪＲの建物の下に砲台跡が見えてくる。

　砲台は、函館湾入口に向けられた28センチ榴弾砲四門の跡が残る。敗戦時にここには、二門の砲が残されていたという。

　ここではめずらしく地下砲側庫（62頁下）の全体が見られた。アーチ式の高い倉庫であり、内部の平面は奥が楕円状に広がっている。

■解説　米軍上陸と北海道での本土決戦態勢

「皇土防衛のための縦深作戦の前縁」と位置付けられた北海道

1941年12月8日、真珠湾攻撃で始まった太平洋戦争では、日本は初期の奇襲的戦果を謳歌したのも束の間、翌42年のミッドウェー海戦での敗退、同8月から始まったガダルカナル地上戦の敗北によって、無謀にも延びきった太平洋地域の戦線を縮小することになった。

これが、1943年9月のいわゆる「絶対国防圏」の策定だ。この範囲は千島―小笠原からマリアナ諸島―カロリン諸島―ニューギニア西部―スンダ海―ビルマを含む圏内であった。

だが、この絶対国防圏も、翌44年6～8月のサイパン―テニアン―グアムの失陥によってもろくも崩れ去ってしまい、米軍のマリアナ諸島の確保によって、遂にB29の本土爆撃が始まったのだ。

このマリアナ―サイパン失陥前後の7月、大本営は「陸海軍爾後ノ作戦指導大綱」を決定、いわゆる「捷号《しょうごう》作戦」を決定する。この「捷四号作戦」が北東方面の作戦計画である。

これより先の43年5月、北方でも米軍の攻勢が始まり、日本軍は同29日、アッツ島で玉砕、キスカ島からも撤退した。この西部アリューシャン方面での米軍の攻勢に対し、大本営は北・南千島をはじめ北方の防備を強化し、北海道東部に第30～32警備隊を配置した（北方軍司令官隷下に網走・根室・釧路に配備）。

だが、米軍の攻勢は留まることを知らず、破竹の勢いで続く。44年10月にはフィリピン・レイテ島の上陸作戦（翌年2月マニラ占領）、翌45年2月には硫黄島上陸、そして4月、遂に米軍は沖縄に上陸した。

この情勢の中で、大本営は1945年1月20日、「帝国陸軍作戦計画大綱」を策定、米軍の侵攻を①比島から東シナ海、②中部太平洋から小笠原、③北東方面から北海道と予測し、千島・北海道への侵攻を同年5月以降とした。

この大綱は「皇土防衛のための縦深作戦の前縁」として北海道や硫黄島・沖縄を位置付け、それらの諸島の防備態勢を強化したのだ。

変更された米軍の予想上陸地点

この大綱の策定によって、大本営は本土・朝鮮半島に6個の方面軍を編成し、同年の2～5月の間に45個師団を新設。この兵員は陸軍240万人、海軍130万人にふくれあがった。しかし、この急増師団は、周知のように小銃や銃剣も十分配備されず、人員も兵役不適格や老齢の人々で占められていた。

45年初めのフィリピン、硫黄島失陥後の3月20日、大本営はいよいよ本格的な本土決戦準備態勢に突入。「決号作戦準備要綱」がそれである。

これは決一号作戦から決七号作戦まであり、決一号が千島および北部軍管区地域、決二・三・四号が東部軍管区地域、決五号が中部軍管区地域、決六号が西部軍管区地域、決七号が朝鮮軍管区地域である。

この決号作戦の要綱は、主作戦を太平洋および東シナ海とし、作戦準備の重点を関東地方および九州地方に置くとして、初めて米軍の予想上陸地点を関東・九州としたものだ。

ところで、大本営が本土決戦態勢の中で米軍の予想侵攻地点をこのように決定するまで、北海道を守備する日本軍の米軍予想上陸地点は何度も変遷する。

1944年までの時点では、「首都爆撃のための基地設定」を目的とし、道東または南千島に上陸（根室・釧路に主上陸、網走および十勝に一部上陸）という可能性と、直接、勇払海岸に上陸する可能性（道東を占領したあと札幌に侵攻）が想定された。

米軍のB 29爆撃機

この対処のためにこの時期、北海道の増強が図られ、大本営は津軽海峡以北を作戦地域とする第5方面軍を編成、旭川に留守第7師団を編成しこの部隊を東部北海道に配置する。また、同年7月には第77師団を動員し、道西部地区に配置した（第5方面軍の兵力・約11万4千人）。
だが、本土決戦態勢が作られていく中で、この米軍予想上陸地点は次第に変化していく。
翌45年4月の第5方面軍・第7師団の米軍予測地点は、第一に米軍作戦主力は東部北海道の計根別《けねべつ》付近で（主として標津《しべつ》、状況により釧路）、3〜4個師団が上陸、第二に北海道本島の占領を狙いとし、上陸正面は苫小牧および札幌から南の西南部北海道方面、さらに艦艇による海峡突破作戦を並行実施、とするものであった。

しかし、沖縄失陥以後、大本営は、九州・関東への本土決戦態勢を急ぎ、北海道西部に配備された第77師団さえ、九州・鹿児島へ配置替えしてしまった。いずれにせよ、この米軍上陸予測地点に振り回され、北海道の太平洋沿岸のほぼ全域にトーチカ群が造られていったのだ。

水際陣地か、縦深陣地か？

この上陸地点と同様、現地部隊が翻弄されたもう一つが大本営のめまぐるしい作戦変更だ。

「サイパン戦の教訓から、主陣地を海岸から適宜後退した地域に選定、米軍の砲爆撃に長期持久、上陸に対して海上・水際で多くの損害を与え、反撃部隊を縦深に配置、弾力性のある防御戦闘」（『島嶼守備要領』44年7月）

このように、サイパン・グアム戦などの戦訓から、大本営は始めはトーチカなどの陣地構築に縦深防御を指導していたのだが、この方針は次第に崩れ、またも水際陣地構築に回帰してしまう。この理由は、後述するが「人命無視」以外の何ものでもない。

北海道での本土決戦がなされたら……

だが、最大の人命軽視は、その本土決戦・北海道での地上戦という戦争態勢にある。サイパン―テニアン・沖縄などでの地上戦が明らかにしたのは、市民を巻き込んだ戦闘がいかに悲惨な事態を生じさせるのかということだ。

もし、北海道で地上戦闘がなされていたら、当時の道内人口325万人の多数が亡くなっていたことは間違いない。沖縄戦がここでも繰り返されたということだ。

第2章　本土決戦の主舞台の一つ・九十九里浜

茂原海軍基地跡周辺に残る掩体壕

■香取海軍基地跡周辺に点在する本土決戦の陣地

飯岡町・浅間神社の参道脇に残るトーチカ

北海道沿岸と異なり、関東地方・九十九里浜沿岸にはトーチカは驚くほど少ない。本土決戦の主舞台の一つであり、最後の決戦となるかもしれなかったこの地に、なぜトーチカがほとんどないか、これは後に述べよう。

千葉県銚子市の西にある、ＪＲ総武線の飯岡駅を降り飯岡パイパスを海岸方向に歩くと、少し山手に浅間《せんげん》神社がある(三川地区)。神社と言っても社もない小さいものだから、地元の人でもその場所は分からないかもしれない。

その神社に行く途中の参道の崖にひっそりと立つのが下・左のトーチカだ。トーチカの正面

は曲線状に造られている。今まで見たことのない、愛嬌のある型だ。銃眼は飯岡海岸―九十九里浜の方向を向いている。汀線まで約2キロ、相当離れている。

この一帯は、東総台地といわれ、ここから西の九十九里浜一帯へは海抜の数メートル地帯が続くのに反し、ここから銚子に続く地帯は台地をなしている（この神社は標高50メートル）。

この海岸から離れた位置に作られたトーチカは、本来、九十九里浜に上陸する敵に対して絶好の位置にある。だが、当初このような縦深陣地構築を命令した大本営は、本土決戦が近づくにしたがって水際陣地構築に舞い戻ってしまった。その理由も後述する。

記録によると、このトーチカを造ったのは、本土決戦でこの地に動員された近衛第3師団だ。1944年8月から、一宮・東金・飯岡などで支援陣地・偽陣地の構築に動員されたという。

飯岡町・塙地区に残る指揮所跡

この浅間神社からバイパスを銚子方面に下り、飯岡灯台の手前の台地を登っていたところの飯岡町塙《はにわ》地区に、「指揮所」跡がある。この場所は少し分かりづらい。筆者も地元で訪ね歩いてやっと場所を確認できた。

これは、下のように台地の藪の中の、崖の位置にあるからだ。現在、内部には入ることはできない。『千葉県の戦争遺跡を歩く』(図書刊行会)によると、内部は延べ畳100畳ほどの広さがあり、10部屋程度に区切られていると記述されている。コンクリートの厚さも、約50~100センチほどあるという。

おそらくこの指揮所跡も、近衛師団関連の施設である。九十九里浜一帯の担任は、第12方面軍第52軍であるから、その関連もあるだろう。

香取海軍航空基地周辺の掩体壕

このＪＲ総武線の飯岡駅を少し西に戻ると、干潟駅である。ちょうど旭市と匝瑳《そうさ》市（旧八日市場市）の中間あたりだ。

この駅から直線道路を北の秋田川に向かって進んでいくと、田んぼの中に巨大な掩体壕が二つ見えてくる。筆者の訪ねたこの時期、田植えが終わったばかりで、田んぼには掩体壕の見事なシルエットが映っていた（上）。

匝瑳市教育委員会の案内板によると、この掩体壕は間口19・5㍍、奥行き10・6㍍、高さ6㍍、厚さ0・3㍍。かなり大きい。

この周辺の香取海軍航空基地には、ゼロ戦などが配備されていたから、ゼロ戦などの掩体壕だろう。周辺には、ここの2基の他に旭市などを含めて3基の掩体壕が残っているという。

香取海軍基地跡。この右手の奥に滑走路跡があり、長さ1500メートルと1500メートルの滑走路がX字型に交差していた

特攻基地にもなった香取海軍基地

この掩体壕は、香取海軍航空基地所属の戦闘機を格納していた。香取というと、ここから北の千葉県中央部に位置する辺りをいうが、この場所は旭市と八日市場にまたがっており、香取地区ではない。

この航空基地は、太平洋戦争も押し迫った1943年に建設された。千葉県では、東京湾岸の館山海軍航空基地ほど知られていないが、館山基地と並ぶ海軍の特攻基地でもある。

見てきたように現在、周辺には掩体壕がいくつかあるが、この付近にはまだ旧香取海軍基地跡が残されている。上のように、JR干潟駅から北の方角に行くと、広々とした敷地が現れる。この敷地の中に基地跡が残る。現在は、日清紡績のブレーキテストコースになっている。

前頁の秋田川近くの掩体壕の一つの後方部分

前頁の秋田川近くの掩体壕の後方部分。農業倉庫として使用されている

干潟駅近くの掩体壕

先ほどの掩体壕、基地跡から干潟駅に戻って総武線の線路沿いを東に進むと、北の方の住宅地・畑地に掩体壕が見える。住宅に囲まれているので一度では発見しにくい。

ここはすでに旭市内で、掩体壕の前にはこれについての旭市教育委員会の案内板がある。

「……戦後、その多くは取り壊され、現在旭市に残るのはこの一基のみである。多くの人命、財産が失われた悲惨な戦争を風化させず、平和の尊さを永く語り伝えていくために、戦争の遺物の一つとして所有者の協力を得て表示した」と、掲示板には書かれている。

この掩体壕は、農家の敷地内にあり、農業用倉庫として使われているが、「戦争遺跡」としてしっかり保存してほしいものだ。

農家の敷地内にある掩体壕（旭市）

旭市教育委員会の案内板

掩体壕の間口・奥行きはあるが、コンクリートの厚さは薄く 15 センチ程度

■11基の掩体壕が連なる茂原海軍基地跡

千メートル道路と海軍道路

ＪＲ外房線茂原駅から北の方角へおよそ10分ほど歩くと、三井化学千葉工場がある。

この工場の脇には、見事な一直線の道路があるが、これが地元で「千メートル道路」と呼ばれる、旧海軍茂原航空基地の滑走路跡だ（下）。この道路と並行して、また東側には「海軍道路」と呼ばれる、これも見事な一直線の道路もある。

滑走路は、千メートルが一本、１２００メートルが二本の三本が、敗戦時までに大まかに造られたという（未完成）。

時期的に見て本土決戦用の航空基地だ。ここには、第3航空艦隊第71航空戦隊の第２５２航空隊が配備されたという。

茂原掩体壕一つ目（海軍道路近く）。下は裏から

日本最大の掩体壕群が連なる

この滑走路北側の、県道茂原環状線の両側に沿って現在、11基の掩体壕が並ぶ。市の調査では、敗戦時に17基の有蓋掩体壕があったというから、その半数以上が残されている。

大分県の宇佐市には10基の掩体壕が残るが、それを超え、茂原市には日本最大の掩体壕群が現存することになる。

この掩体壕は、人手不足の当時、周辺の農民はもとより、中学校や農学校の生徒を動員して造られたという（朝鮮半島からの強制動員もある）。

掩体壕は、茂原市文化財審議会によって文化財指定の取り組みが始まっており、掩体壕全部に遺構番号が付けられている。

この全部を紹介する紙面がないので、いくつか紹介する。

まず一つ目の掩体壕は、海軍道路近くにある（前頁）。住宅地の中で見つけにくい。構造は、高さ約5㍍、奥行き約6㍍、間口15㍍。農業用倉庫として使用されている。

二つ目は、環状線に沿って少し住宅地に入ると、工場の畑地の中にある（左頁）。構造は、高さ約10㍍、奥行き約20㍍、間口約20㍍とかなり大きい。コンクリの厚さも40センチぐらいで厚い。建築資材倉庫として使用されている。

三つ目は、この二つの掩体壕とは環状道路の反対側の畑地の中にある（80頁）。道路から見え、目立つ。高さ約7㍍、奥行き約10㍍、間口約20㍍、コンクリートの厚さは26センチだ。この掩体壕は、倉庫としても使用されていない。

四つ目の掩体壕は（81頁）、この三つ目の畑地のすぐ横に見える。距離としては40～50㍍ぐらいしか離れていない。

この掩体壕は、写真に見るように上に木々や竹が無数に生え、ちょうど自然な偽装を作り出している。中に入っても今までの掩体壕の中ではもっとも綺麗に管理されている。内部を風が通り抜けてとても気持ちがよい。構造は高さ約7㍍、奥行き約12㍍、間口20㍍、コンクリートの厚さは26センチだ。

五つ目の掩体壕は、市教育委員会が「三号掩体壕」と名付けている掩体壕である。82頁のように、唯一道路脇に掩体壕への案内標識が設置されており、行きやすいところである。できれば、全部の掩体壕にこのような案内標識を掲示してほしいものだ。

この掩体壕は案内板にあるとおり、茂原でも最大の構造だ（82頁へ続く）。

二つ目の畑地の中の掩体壕。下は掩体壕の入口のコンクリートの厚さ

三つ目の掩体壕。道路から後部が見える。下はその前部

四つ目の掩体壕。上に木や竹が密集して生えている

高さは約7メートルだが、奥行きが約15メートル、間口が約25メートル以上あり、コンクリートの厚さも40センチ以上ある。

　掩体壕は、道路脇の住宅地にあり、内部も周囲も管理が行き届いているから、おそらくこの掩体壕は、市によって借り上げられているものと思われる。

前頁は五つ目の「三号掩体壕」、上はその内部から。下は市教委の案内板

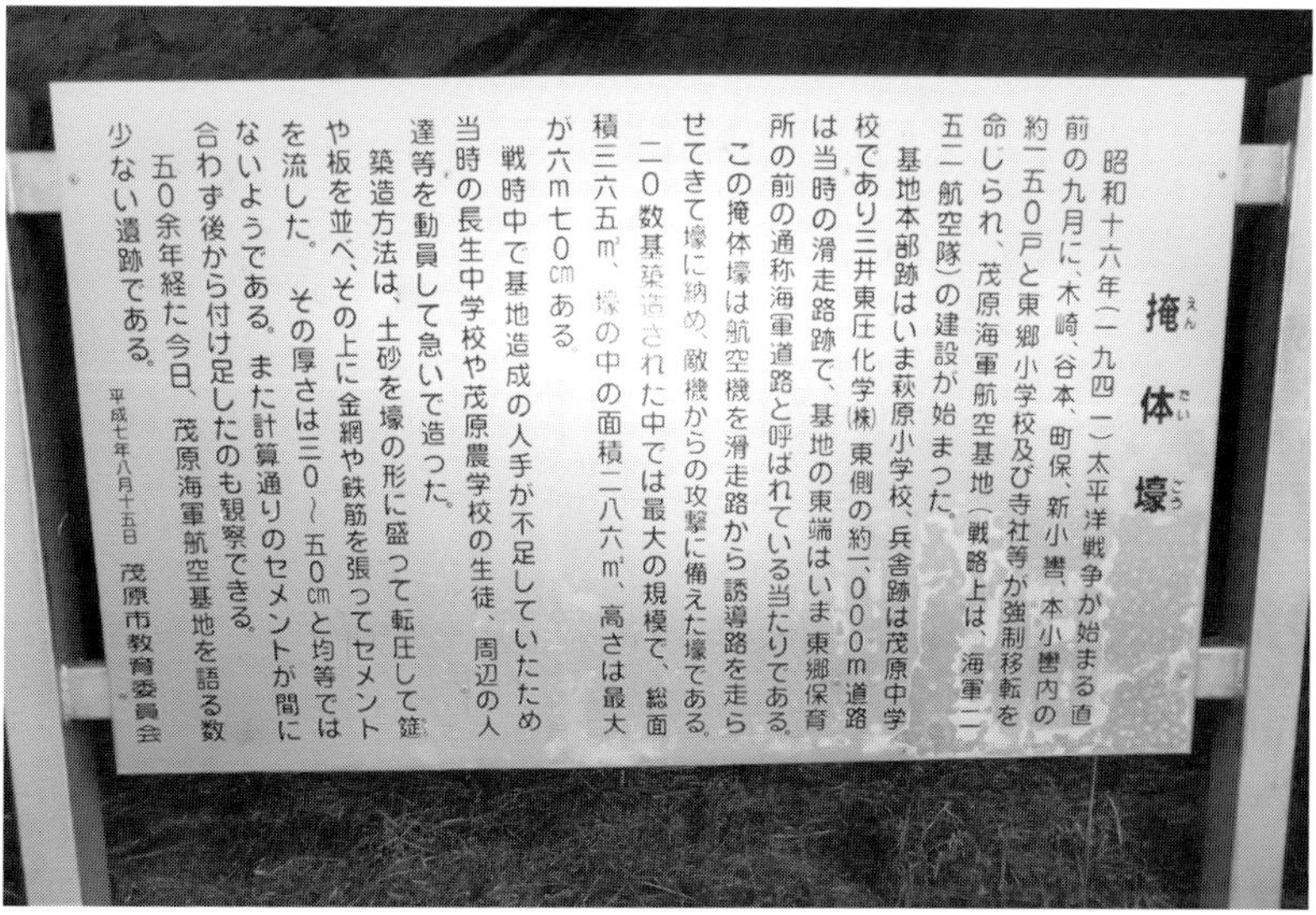
掩《えん》体《たい》壕《ごう》
昭和十六年(一九四一)太平洋戦争が始まる直
前の九月に、木崎、谷本、町保、新小謽、本小謽内の
約一五〇戸と東郷小学校及び寺社等が強制移転を
命じられ、茂原海軍航空基地(戦略上は、海軍二
五二航空隊)の建設が始まった。
基地本部跡はいま萩原小学校、兵舎跡は茂原中学
校であり三井東圧化学㈱東側の約一、〇〇〇m道路
は当時の滑走路跡で、基地の東端はいま東郷保育
所の前の通称海軍道路と呼ばれている当たりである。
この掩体壕は航空機を滑走路から誘導路を走ら
せてきて壕に納め、敵機からの攻撃に備えた壕である。
二〇数基築造された中では最大の規模で、総面
積三六五㎡、壕の中の面積二八六㎡、高さは最大
が六m七〇㎝ある。
戦時中で基地造成の人手が不足していたため
当時の長生中学校や茂原農学校の生徒、周辺の人
達等を動員して急いで造った。
築造方法は、土砂を壕の形に盛って転圧して
や板を並べ、その上に金網や鉄筋を張ってセメント
を流した。その厚さは三〇～五〇㎝と均等では
ないようである。また計算通りのセメントが間に
合わず後から付け足したのも観察できる。
五〇余年経た今日、茂原海軍航空基地を語る数
少ない遺跡である。
平成七年八月十五日　茂原市教育委員会

木々で完全に覆われた掩体壕

県道環状線をさらに新茂原駅に向かって歩くと、この道路から少し左に入ったところの住宅地の中に掩体壕が見える。周辺は空き地で、掩体壕自体はよく目立つ場所にある。この掩体壕が、六つ目の掩体壕、市教育委員会指定の「二号掩体壕」である。

周りには何の建築物もないから、この掩体壕は周囲をよく観察できる。掩体壕の上に登ることもできる。内部は農業用の倉庫になっているようだ。

構造は、高さ約7㍍、奥行き12㍍、間口約20㍍で、コンクリートの厚さは41センチとかなり厚い。

この掩体壕から、新茂原駅にさらに近づくと、住宅地の中に掩体壕が見えてくる。これが七つ目の掩体壕だ。ただ、写真を見て分かるように（86頁上）、この掩体壕は、素人には見つけにくい。それほど見事な偽装だ。

掩体壕の上部はもちろん、周辺も後部も、完全に木々や竹、雑草に覆われている。掩体壕の後ろにも回ってみたが、ここが掩体壕であるとは、まるで気づかない造りになっている。意図して造られたわけではなく、永い年月でこのようになったのだが、見事な偽装物だ。

写真に見るように、ここは民家の敷地で、現在も駐車場として使われているから、内部に入って寸法を測ることはできない。遠くからの概算では、高さは約7㍍、奥行き約12㍍、間口約20㍍である。

さて、このようにいくつかの掩体壕を見てきたが、いずれも保存状態がとてもよい。市の管理が行き届いているのだ。

六つ目の掩体壕。市指定の「二号掩体壕」。下はその後方部分

七つ目の掩体壕（駐車場に使用）。下は茂原市内の「海軍道路」

■1・6キロの長大な館山・赤山地下壕跡

常時入れる地下壕

今まで、房総半島を外側から回ってきたが、半島の内側、東京湾よりの千葉県内も本土決戦の数々の拠点が構築された。特に、千葉県の東京湾の入口に当たる館山がその最大の基地だ。

JR内房線を館山駅で降り、駅からレンタサイクルを借りて20分ほど海岸沿いを走ると、海上自衛隊の館山航空隊にぶつかる。ここが旧海軍の館山航空隊でもあったその基地だ。

この基地から案内の標識を目印に、山手の方向に登っていくと、通称赤山（標高60メートル）に「赤山地下壕」跡がある。

この地下壕は、全国の地下壕の中でも珍しく、常時見学できる施設である。というのはこ

赤山地下壕の入口

の壕は館山市が、「館山海軍航空隊 赤山地下壕跡」として市指定の史跡にしているからだ。

ここは、壕の入口近くに「豊津ホール」という建物があり、そこで受付を済ませると、ヘルメットを貸してくれる。

壕の中に入ると、ひんやりと冷気が伝わってくる。壕は天井までおよそ3㍍、アーチ状の形をしており、かなり広い。壕の表面はコンクリートで固められており、未完成であったというが、完成度は高い。

坑道の総延長は、1・6キロとあるが、現在公開されているのは、このうちの数百㍍である。内部は、下記の図のように網の目のような坑道で覆われている。

この中に司令部・戦闘指揮所・兵舎・病院・兵器貯蔵庫・燃料貯蔵庫などがあったという。

ただ、この赤山地下壕の歴史については、まだ知られていないことが多い。

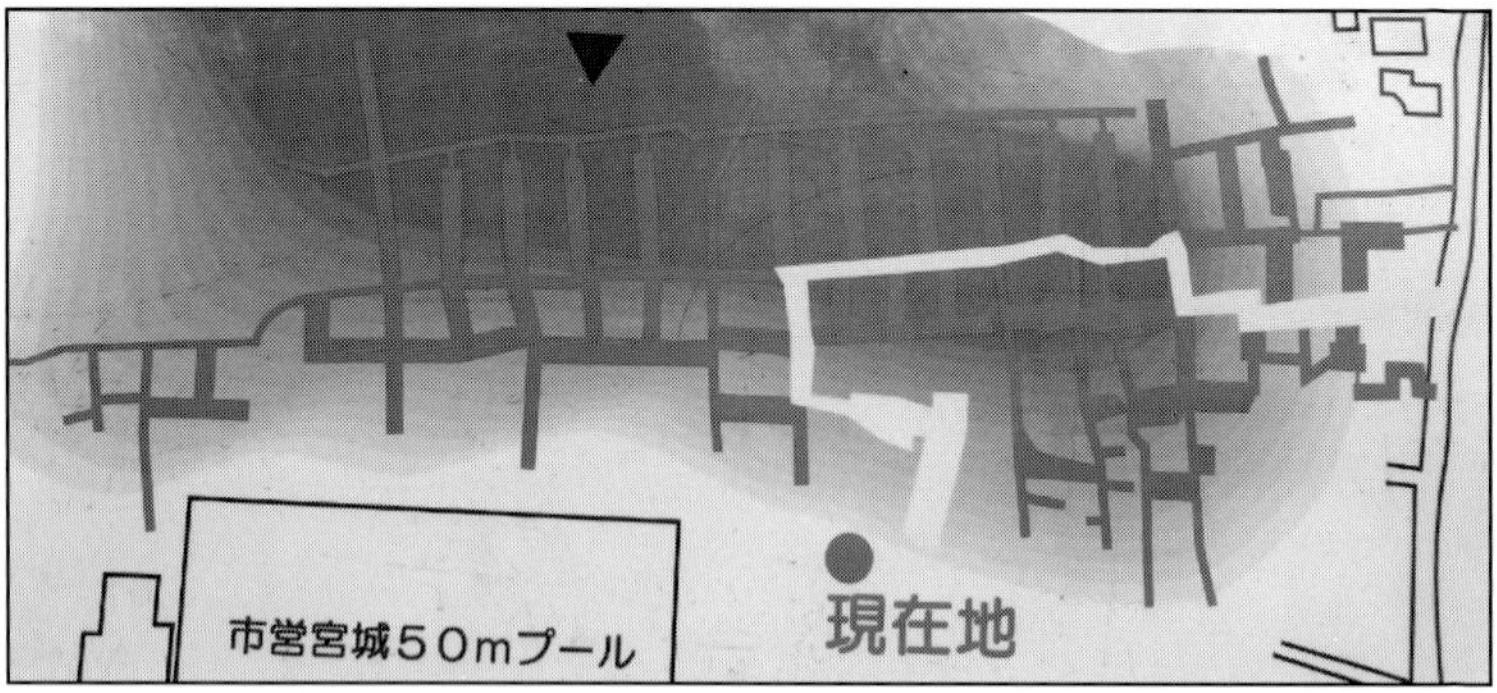

いくつかの記録を総合すると、本土決戦下の1944年以降に造られたという説が有力だが、1930年代後半から工事が始められたという説もある。

いずれにしても、この地下壕が、本土決戦を予定していたことは疑いない。

地下壕の内部。広々としている。下記は入口の案内板

赤山地下壕跡《あかやまちかごうあと》
1930（昭和5）年、海軍5番目の実戦航空部隊として、館山海軍航空隊がつくられました。それから、1945(昭和20)年の終戦までの間、館山市香から沼にかけての一帯には、航空機の修理部品の補給などをおこなった第2海軍航空廠館山補給工場、食料・衣服・燃料などを補給した横須賀軍需部館山支庫関係の施設や、1943（昭和18）年に兵器整備の練習航空隊として開かれた洲ノ埼海軍航空隊など、さまざまな軍事施設がつくられました。

東京湾の入口にあることから、館山市には、海軍の施設だけではなく陸軍の砲台や、（洲ノ埼海軍航空隊、館山海軍砲術学校）など、いろいろな種類の戦争遺跡が残されています。

このような場所は、わが国のなかでも例が少ないといわれていますが、この赤山地下壕は、合計した長さが約1．6kmと全国的にみても大きな地下壕で、館山市を代表する戦争遺跡のひとつです。

つくられた時期は、はっきりしていませんが、このような大きな地下壕が、1941（昭和16）年の太平洋戦争開戦の前につくられた例はないといわれています。

その一方で、昭和10年代のはじめに建設が始まったという証言もありますが、当時の軍部が本格的に防空壕をつくり始めたのは、1942(昭和17)年より後であるという歴史的な事実があります。

全国各地につくられた大規模な地下壕の壕と壕の間の長さは、一般的には10～20m以上（長野市松代大本営の象山壕は25m）であるとされていますが、この赤山地下壕は5～10mと狭い上、計画的に掘られたとは考えにくい、そのつくりから見て、終戦がさし迫った1944（昭和19）年より後に建設されたのではないかと考えられています。

アメリカ軍の空襲が激しくなった太平洋戦争の終わりの頃、この赤山地下壕が、館山海軍航空隊の防空壕として使われていたことは内部にある発電所跡や、終戦間際に、この壕の中で実際に館山海軍航空隊の事務を行ったという体験や、病院の施設があったなどの証言から、知ることができます。

平成15年8月　館山市・館山市教育委員会
現在地

地下壕内。坑道の全てにコンクリが上塗りされている

一つだけ残された赤山の掩体壕

この地下壕跡から赤山を回り込んで行くと、ちょうど裏手の辺りになるだろうか、左のような掩体壕への標識が立っている。

この下の方に掩体壕はある。周辺は完全に住宅地になっており、掩体壕はこの風景に似つかわしくない。周りの雑草は刈り取られている。

この掩体壕は今まで九十九里周辺で見てきたどのものよりも小さい。おそらく、小型機のものだろう。

■一二八高地・戦闘指揮所壕跡

この掩体壕から、さらに山手の方向に進むと、「かにた婦人の村」の施設の前の山に、「一二八高地・戦闘指揮所」の地下壕がある。

この壕は、館山航空隊の隣にあった洲ノ崎海軍航空隊の隊員によって造られたことが分かっ

一二八高地の入口脇の建物。下はその入口

旧海軍館山航空隊の跡地は、現在そのまま海自館山航空隊が使用

ているが、その用途はまだ分かっていない。
この赤山地下壕や一二八高地などの戦跡は、当時の海軍館山航空隊などの基地群とともに、本土決戦態勢の房総半島の拠点ともなっていた。館山航空隊自体が、海軍有数の航空隊であり、特に館空と呼ばれたここは、空母艦載機の訓練基地として知られていた。また、館空は、九六式陸上中型攻撃機を配備し、中国などへの渡洋爆撃の基地としても有名であった。
こうした軍都であったからこそ、館山は何度も米軍の空襲を受けたのである。
この館山周辺の山々を探索すると、無数の壕が掘られているのが目に付く。山裾には、至るところで壕がポッカリ開いている。これらは館山地域が、いかに本土決戦態勢の拠点であったかの象徴だ（館山には戦後45年9月3日、米軍が最初に上陸し、占領行政を敷いたことが知られている）。

1984年に設立された従軍慰安婦の碑。その上から赤山方面を望む（下）

従軍慰安婦の鎮魂碑

一二八高地の地下壕、「かにた婦人の村」（婦人保護長期収容施設）から山道を上へ上へと登っていくと、山頂に近い畑地の丘に「噫《ああ》従軍慰安婦」という碑がある。碑には何の説明文もないが、この碑は韓国でも報道されたぐらい知られているという。

この碑を建立したのは、この婦人の村を設立した深津文雄牧師だ。牧師は、入所者の一人が従軍慰安婦であったことを告白したことからこの碑の建立に踏み切ったという。

第3章　本土決戦のもう一つの主舞台・東京湾要塞地帯

館山の一二八高地周辺に立つ「東京湾要塞第一区地帯標」

■館山湾に突き出た大房岬要塞群

東京湾要塞地帯

前頁扉の写真は、一二八高地から海自館山基地の方角に下ってきた場所に立てられている。筆者はこれを偶然に見つけた。

標識には「東京湾要塞地帯第一区地帯標」とあり、「昭和十六年七月三十日建設」の文字も記入されている。文字は新しく見えるが、内容からするとこの標識は戦前立てられたことが明らかだ。それにしても、戦前の標識が今なお残っているとは――。

この房総南部一帯は、標識にあるとおり、戦前の要塞地帯法に基づく要塞地帯だ。戦前であれば立ち入りが厳しく制限され、軍事機密中の機密であった。

大房岬の弾薬庫跡・発電所跡

館山から北の方面へ歩くと、館山湾を囲むように東京湾に突き出た岬が見える。ここが大房《たいぶさ》岬だ。大房岬は、土日ともなると地域の絶好のハイキングコースにもなっている。

この大房岬には、旧陸軍の砲台跡（100頁）、弾薬庫跡（下・左上）、観測所跡（96頁）、探照灯跡（97頁）、発電所跡（左下）が残されている。

この砲台は、1928年から4年をかけて造られた砲台だ。砲は当時の巡洋艦の副砲、45口径カノン砲四門を取り寄せ、40㍍間隔で設置された。

東京湾に侵入する敵艦隊を、神奈川県剣崎の砲台と協力して防御し、館山湾を援護するために造られたという。

この砲台も、本土決戦が切迫すると、首都防

衛のために東京湾兵団に編入・強化された。そして、この大房岬砲台はもとより、南房総一帯の砲台・陣地、さらに対岸の三浦半島一帯の砲台・陣地までもが、東京湾兵団の指揮下に入ったのだ。この要塞の防衛は、横須賀重砲兵連隊が担任した。この理由も後述しよう。

洞窟に刻まれた
回天特攻隊員の文字の跡

下の写真が、大房岬の展望台の横にある砲台跡だ。現在は花壇として使用されている。

この岬を海へ館山湾の方角に向かって下りていくと、１０１頁・１０２頁の、特攻兵器・回天の基地（洞窟陣地）に行き着く。洞窟の前には、写真のように回天を海に押し出すレールとして使われたものが残っている。

回天の出動正面に位

置するのは館山湾だ。

そして、洞窟内には、今でも回天特攻隊員の刻んだ文字が残る。

なお、この「大房岬要塞群」の戦跡は、南房総市の文化財に指定されている。市によると、この戦跡の文化財指定は、千葉県では第一号に当たり、全国でも八番目に当たるという。

戦跡を平和のために後世に残すという市の取り組みを、おおいに応援したいと思う。全国で続いてほしい。

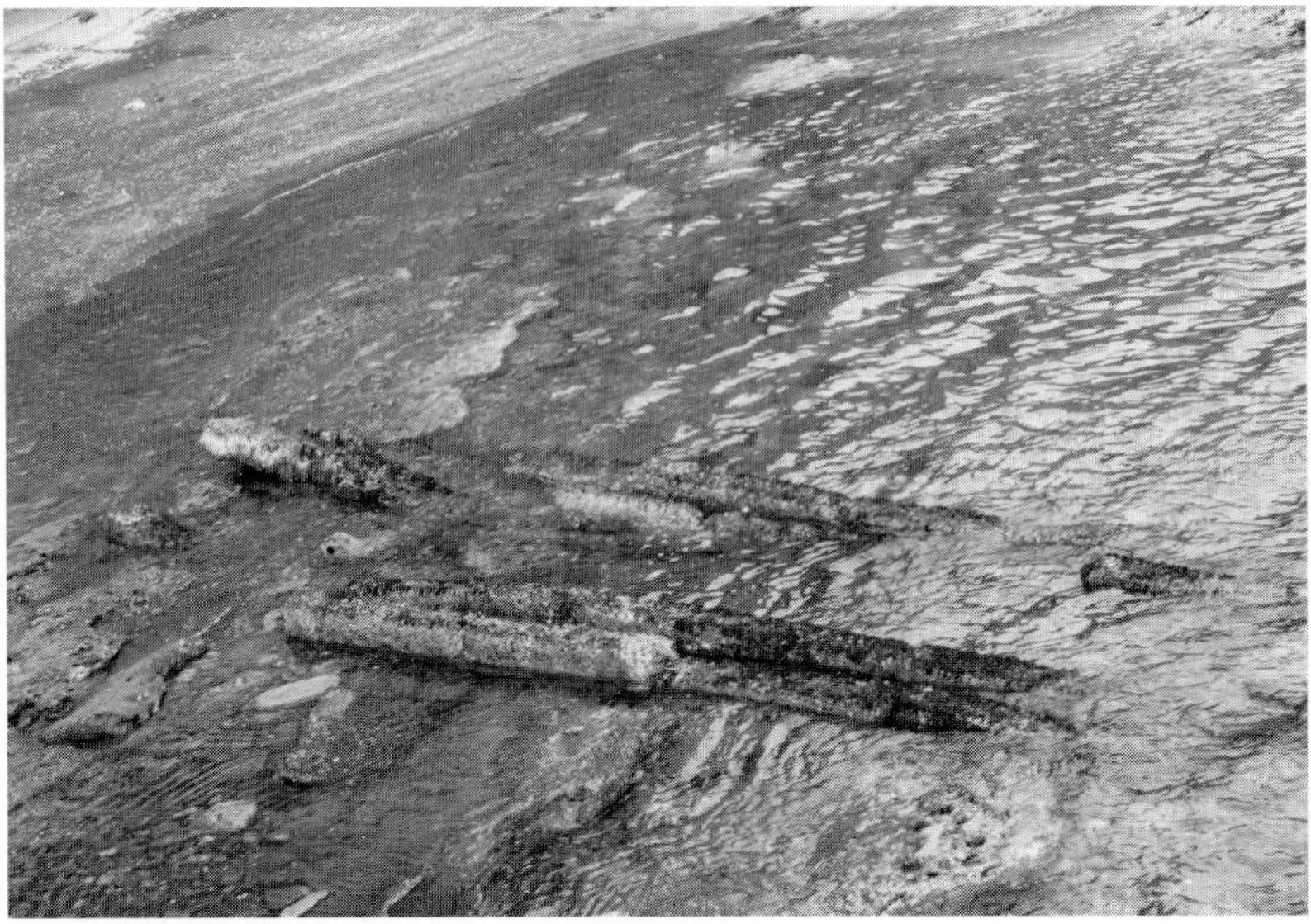

回天を押し出すレール跡（上）。下は洞窟に刻まれた文字「弐号、廿五期」などが読める

■首都防御のために　観音崎に築かれた要塞砲台

廃止された砲台の復活

房総半島南部の対岸、東京湾の湾口になる三浦半島の観音崎──ここには日曜日にもなると、東京近郊からも含めてたくさんの人々がやってくる（観音崎公園）。広々とした低い山々が連なるここは、豊かな広葉樹林が覆い茂っている。

だが、この公園一帯の山々が、かつてはそのまま旧軍の観音崎砲台であったことを知る人は少ない。函館山や大房岬と同様、この地も要塞地帯法によって立入が禁止されていたのだ。

明治時代の初期から中期にかけ、首都防御のために観音崎には15カ所に砲台が設置された。しかし、これらの砲台は関東大震災で壊れ、砲

台自体が廃止されたのである。

ところが、廃止されたはずの砲台が再び復活した。1945年のことだ。言うまでもなく、あの本土決戦態勢のためである。

1945年2月、大本営は、房総南部・三浦半島・伊豆諸島を防衛する東京湾守備兵団（後に東京湾兵団に改称）を編成し、要塞重砲兵連隊・砲兵隊、そして第65・第96旅団の歩兵連隊が配備された（後に第354師団も配備）。つまり、首都決戦に向け、米軍を迎え撃つべく東京湾周辺が徹底強化されたのだ。

ここには今、八カ所の砲台跡が残る。103頁の観光地図にも、北門第一・第二砲台跡・三軒家砲台の案内が記されている。

さて、筆者は、まず観音崎駐車場から東京湾海上交通センターの方面に歩いた。同センターへの坂道を登るとトンネルが見える（頁下の上）。崩落危険のため立入禁止の看板がある。このトンネルも要塞の一部だ。トンネル内の煉瓦造りの施設を除いてみると、内部に部屋が見える。兵舎か弾薬庫のようだ（左・次頁中）。

北門第二砲台跡

このトンネルを抜けたところに北門第二砲台と称する砲台跡がある。ここには、24センチカ

北門第二砲台跡（上）。トンネル内の地下壕にある兵舎か弾薬庫（真ん中の頁）

ノン砲六門と弾薬庫が置かれていたが、現在は四つの砲座と弾薬庫が残っている（下は砲座の配置図）。ただ、ここは立入禁止のため、砲台跡が整理されていない。立ち入る場合は、注意しよう。

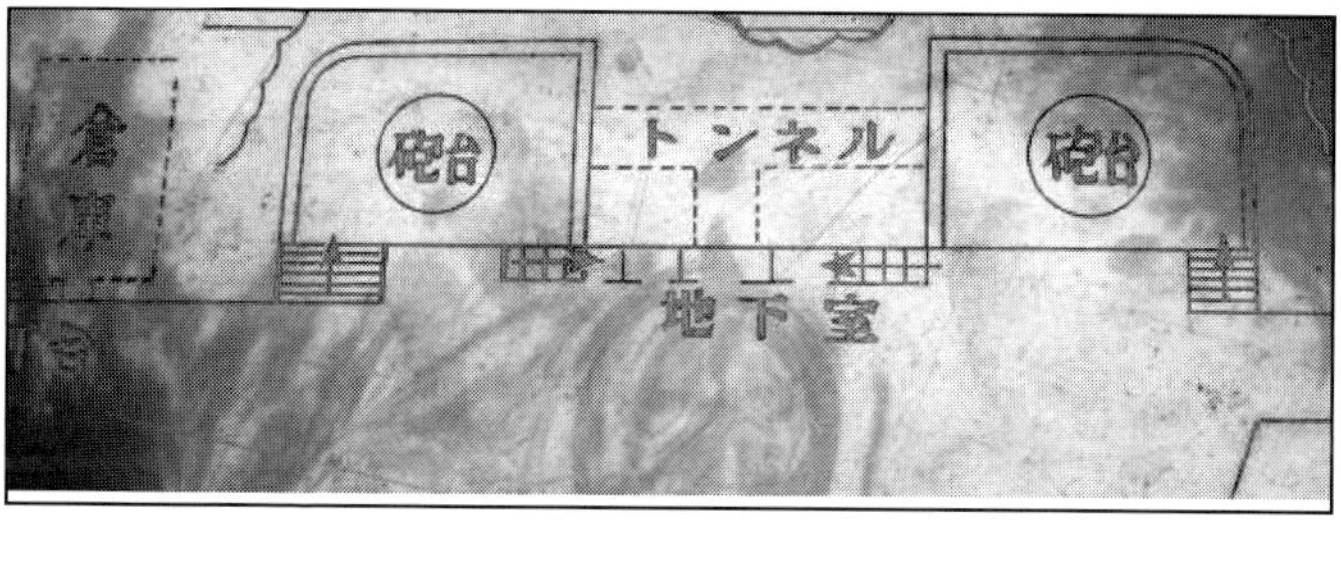

北門第一砲台跡

前頁の第一砲台配置図を見ると、砲台と砲台の間に階段があり、階段を下りると下に地下室があるのが分かる。この配置は、観音崎を始め、全ての砲台が同じ造りだが、ここに兵舎と弾薬庫が置かれている。

さて、第二砲台跡から岬の「海の見晴らし台」方面に歩くと、途中に第一砲台跡が見えてくる（下・左頁）。ここは観光用に綺麗に整備され、写真のように、子どもたちもハイキングに訪れている。第一砲台には、二カ所の砲座があり、二門の24センチカノン砲が設置されていた。

この砲台の横には、左頁下の写真のように屋根のある施設がある。他の砲台にはこの場所に屋根はなく、ただ階段を下って地下室があるだけだが、この第一砲台だけが屋根がある。内部は煉瓦造りの綺麗な施設だ。

花立砲台跡

この第一砲台跡から観音崎灯台方面に向かうと、手前に下の写真のように綺麗な煉瓦造りのトンネルがあり、これを抜けた当たりが「海の見晴らし台」だ。

それにしてもこのトンネルは見事だ。入口を始め、トンネル内の全てがレンガ造りで統一されている。ほとんど傷んでいない様子からして、100年前ぐらいに作られたものとはとても思えない。ここ観音崎の要塞は、ほとんどがこのレンガ造りで統一されている。

このレンガ造りは、明治初期の時代の建築物の特徴である「フランス積み煉瓦造り」というのだそうだ。国内ではもうほとんど見かけないが、旧軍の要塞跡地ではまだ残っている。

この「見晴らし台」に花立砲台跡がある（左下）。砲台跡前の看板には「観音崎第三砲台」

と書かれている。そして、この砲台には、28センチ榴弾砲四門が、1894年に「備砲完了」と明記されている。

28センチ榴弾砲とは、あの日露戦争の旅順戦で使用された砲だ。この見晴台から下った、観音崎自然博物館近くの海岸寄りに、そのレプリカが飾られている。左上の写真のように、この砲は砲身が短く、重量が相当ある砲だ。

三軒家砲台跡

最初に来た駐車場（レストハウス付近）に戻り、走水方面に行くと、横須賀美術館がある。この横の山道を登っていくと観音崎砲台の中でも最大の三軒家砲台跡に出る。砲台跡には、左のように当時の門があり、ここから台座に行く。

当時、砲台には、27センチカノン四門、12センチカノン二門が置かれていたというが、現在は27センチ砲の砲台三カ所が残されているだけだ（下・左下）。

ただ、ここには、砲台の裏に道を挟んで弾薬庫なども残されている（左上）。

三軒家砲台の道を挟んだ裏にある弾薬庫跡（上）。下は台座跡

防衛大学校内の監視哨・砲台跡

以上、見てきたが、観音崎にはこの他にも第四砲台跡（海上自衛隊敷地内）、腰越堡塁砲台跡（「うみの子とりで」の遊具の下）などがあるが、現在、一般で見学できるのはここまでだ。

しかし、どうしても見学しておきたいのが、防衛大学校の敷地内にある砲台跡・監視哨跡だ。ここは、走水展望台をさらに上へ登っていったところにある（防大のグランドの端）。

下の写真にあるように、この建物は一見、トーチカを思わせる巨大な建造物だ。壁のコンクリートの厚さも30センチはある。内部は一階と二階に分かれ、二階には監視用の広い穴が開けられている（銃眼のように見える）。また、二階には、連絡用の電話室と思われる仕切られた小部屋がいくつもある（左下）。

監視窓からは、東京湾が一望できる。この地

点は、観音崎では一番高い場所にある。
その監視敞から左手を見ると、50㍍くらいのところに砲台の台座が見える。ここが「花立新砲台跡」と称する場所だ。周りには遮るものが全くないが、たぶん、戦争当時には偽装されていたのだろう（この監視敞には、上のように監視カメラが据え付けられている。防衛大学内から監視しているのか？　そうだとすれば残念である。この史跡は一般に公開すべき重要な歴史的建造物・施設である）。

三浦半島に唯一の観音崎トーチカ

先の海の見晴らし台から、観音崎自然博物館の方向に下りてくると、その付近の海岸沿いの道路脇にトーチカが見える。汀線から距離にして15㍍、海岸から2㍍に満たない高さだ。

この要塞地帯でトーチカは珍しい。完全な形で残るのはここだけか？　銃眼のコンクリの厚さは約1㍍、高さは2㍍くらいで小さい。中には漁具があるが、ぜひ案内の掲示板を建ててほしい。

旧海軍の潜水艦水中聴音所跡

先のトーチカから少し博物館の方に戻り、海岸を見ると海の中に奇妙な施設が見える。一見して、トーチカのように見えるが、これは、旧海軍の潜水艦水中聴音所のようだ。東京湾に侵入する潜水艦の探知のためだという（上はその丘の上にある海自の基地。海峡監視についているのか？　厳重警戒の施設だ）。

■東京湾に浮かぶ要塞島・猿島

海軍島―要塞島の猿島

横須賀新港の三笠桟橋から観光船シーフレンドで約10分、海上約1・7キロの位置にあるのが猿島だ（全周1・6キロ、標高約40㍍）。

島に上陸すると、入口にここが「海軍港―海軍島」であることを示す標識が立っている（下）。

この無人島・猿島は、その標識のとおり、明治初期以来、民間人の立ち入りが禁止された要塞島なのだ。

そして、猿島は、三浦半島の観音崎砲台などともに、本土決戦態勢下で東京湾口に浮かぶ唯一の軍事拠点として要塞化された島でもある（海軍横須賀鎮守府司令長官の傘下部隊）。

もっともこの猿島も、明治初期の築造以来、猿島要塞として首都防御にあたってきたが、観音崎砲台と同様、関東大震災で兵舎などが崩落し、一時は廃止寸前にまで至っていた。

しかし、太平洋戦争下の1941年、海軍によって再び再建され、高射砲陣地が構築されることになった（大震災までは陸軍の24センチカノン砲四門、28センチ榴弾砲二門が置かれていた）。

島中に掘り巡らされたトンネル

桟橋を下り、「海軍港」の標識から、曲がりくねった坂道を登ると、そこには両側が切り立った露天掘りの壁が続く（下）。

その壁の中の窓のある場所は兵舎で、窓がないのは弾薬庫跡だ。

これらの道も兵舎も弾薬庫も、全てが岸壁を掘りこみ造られている。だから、この島が要塞であることは、外から全く見えない構造だ。

横須賀市が「東京湾唯一の自然島」と言うように、要塞島と言っても、今はもとより当時も、灌木が茂った自然豊かな島であっただろう。

この灌木がまた、この島が要塞であることを覆い隠している。

明治以後、立入禁止にされていた猿島は、１９４７年以来、渡航ができるようになった。

露天掘りの壁に造られた弾薬庫跡。入口は封鎖。下はその中の部屋

フランス積み煉瓦造りのトンネル

島内の通路は、露天掘りで造られているが、至るところにあるのが、トンネルだ。前・前々頁の露天掘りの通路を抜けると、長いトンネルが続く。

このトンネルは、いつしか「愛のトンネル」と名付けられているが、日本で二番目の古い歴史を持つフランス積み煉瓦造りの、アーチ式のトンネルだ。下および次頁写真のように、トンネルは赤レンガで組み立てられ、今でも頑丈に建っている。とても100年前の建築物だとは思えない。

このトンネル内には、通路のあちこちに地下壕が造られている（次頁下）。これらは二階建てになっているようで、ここに弾薬庫の他に兵舎・病室・指揮所などが置かれていた。

トンネル内の弾薬庫

左の弾薬庫の内部

海軍の高角砲台跡

さて、これらのトンネルを抜け、島の高台に登ると、砲台跡が現れる。

下記の島の全図にあるように、左側—島の北部の第二・第三トンネルの上部に第一の砲座跡が残っている（次頁の上下の二カ所）。

これは、海軍の第二砲台が置かれた場所であり、8センチ高角砲二門が設置されていたという。現在は、砲台の基礎になっていた丸いコンクリート部分だけが残っている。

また、その砲台跡をさらに島の北端に進むと、もう一つの砲台跡が残されている（125頁）。これも二つの砲座が対になっており、丸いコンクリート跡がある。

このいずれの砲台も、位置は東方の東京湾口に向けられており、湾内を通過する敵艦隊を迎

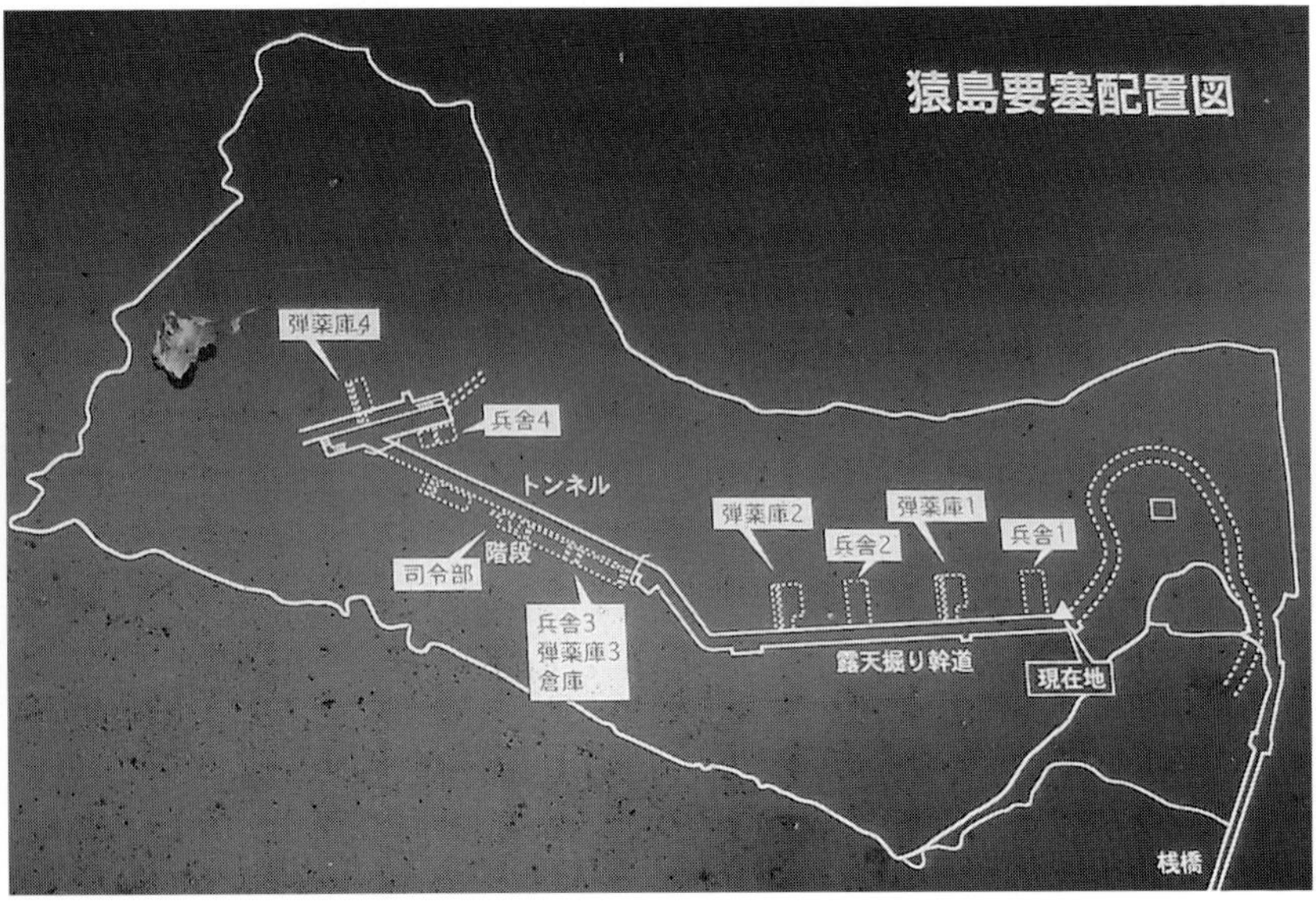
猿島要塞配置図
弾薬庫4
兵舎4
トンネル
司令部
階段
兵舎3
弾薬庫3
倉庫
弾薬庫2
兵舎2
弾薬庫1
兵舎1
露天掘り幹道
現在地
桟橋

え撃つ態勢であったことを示している。

この砲台跡から、再び島の南部に戻るとしよう。ただ、帰りは、露天掘りの通路ではなく、島の山上を南北に貫く細道を通る。

島の中央にある展望台を通過し、しばらく行くと、左手の藪の中にコンクリートの壁が現れる。注意しないとほとんど分からないが、この奥の藪の中に砲台跡がある。この跡も、旧海軍の高角砲の砲座跡である（12・7センチ砲という説もあるが不明）。

この砲座跡は、他の砲座跡とは少し異なっている。126頁上の写真に見るように、丸いコンクリートの砲座跡の横に、コンクリートで造られたトンネルが設置されている。用途は不明だが、コンクリート製ということから弾薬を運搬する通路か、兵員の待機所だったのだろう。

砲台は、位置からしてこれも東京湾口の方角を向いている。

さて、この砲台跡の手前、展望台広場の一角にある白い建物が、この猿島砲台全体の監視塔跡だ（左）。崩落の危険から監視塔自体には上がれないが、造りはしっかりしている。だが構造としては、ここの役目を果たしそうには思えない。コンクリートの厚さからして、それほど厚くなく普通の鉄筋と変わらないからだ。今では監視塔の周辺は高い樹木に覆われ、もう監視塔としての役目は果たせそうもない。

藪の中に隠れている砲台跡（上）。下は猿島渡航の桟橋付近に展示されている戦艦三笠

第4章　首都での本土決戦態勢

沖縄に上陸する米艦隊（1945年4月1日）

■解説　米軍の関東上陸（コロネット作戦）と日本軍の防御態勢

米軍の日本上陸作戦

歴史に、「もしも」ということは許されない。しかし、もしも大本営の命じる本土決戦が行われたならば、あの沖縄戦―地上戦を何倍も超える悲惨な事態が、この日本本土の至るところに出現していたことだろう。

米軍＝連合軍が、日本本土侵攻作戦としてダウンフォール作戦を策定していたことはよく知られている（1945年5月25日、米統合幕僚会議で準備指令）。そして、その作戦の内容は、第一が「オリンピック作戦」として45年11月1日、九州南部上陸を予定し、第二が「コロネット作戦」として46年3月1日、関東平野に上陸することが予定された。

オリンピック作戦は、志布志湾などの九州南部に対し、陸軍14個師団、海軍の空母42隻・戦艦など400隻を含む2900隻の艦艇を動員する予定であった（兵員50万人以上）。

他方、コロネット作戦は、陸軍25個師団、航空機1900機以上、兵員にして予備兵力を含めると117万人以上を動員する予定であったといわれる。

米軍は、この日本本土上陸に際して、オリンピック作戦で10万人、コロネット作戦で十数万人以上の自らの死傷者を想定している（つまり、

サイパンに上陸する米軍（1944年6月15日）

原爆を投下しなかったら、米軍に１００万人の死者が出るというのは作り話であった）。

関東二カ所の上陸

さて、米軍のこの関東平野への上陸作戦を具体的に見ると、第一の主上陸地点が相模湾であり、第二の副次的上陸地点が九十九里浜だ。

この相模湾には、米第8軍の第10軍団（第24師団などの3個歩兵師団）、第14軍団（第6師団などの3個歩兵師団）、第13機甲軍団（第13・第20機甲師団）など25師団が上陸を予定、西方から東京を占領するというものである。

また、九十九里浜へは、まず米第1軍の4個師団が上陸、同時に海兵師団も投入、35日後には9個師団が上陸を完了する予定であった。ここに投入されるのは、合計14個師団である。

そして、米軍がこうした上陸作戦を行う前に、徹底した空爆・艦砲射撃を行うことは、サイパン・グアム上陸作戦、沖縄上陸作戦などで明らかであった。実際、米軍は、上陸のおよそ2カ月前から本土の主要カ所に17万トンの爆弾を投下する予定であり、上陸直前の3月には22万トンの爆弾を投下する予定であったという。こ

太平洋戦争の指揮を執った大本営

第51軍
第36軍
第221師団
第52軍
浦和
第152師団
第93師団
第234師団
銚子
第12方面軍
戦車第４師団
八日市場
東京
千葉
東金
近衛第3師団
第53軍
川崎
第52軍
横浜
鎌倉
第147師団
一宮
横須賀鎮守府
木更津
米軍第１軍
第24軍団
横須賀
海兵第３両用軍団
勝浦
B軍団
東京湾兵団
［兵力］
米軍第８軍
地上戦闘約15万人
館山
戦務　約７万３千人
第10軍団
航空　約1万４千人
第14軍団
合計　約24万人
第13機甲軍団
D軍団
C軍団
［兵力］
地上戦闘約24万人
戦務　約９万人
航空　約８千９百人
合計　約30万人
■上陸30日後に投入される兵力総計約40万人
上陸35日後に投入される兵力総計７万４千人
後方梯団　兵力総計７万６千人
その他　兵力８万人
コロネット作戦総兵力　約117万人

米軍のコロネット作戦と日本軍の対上陸防御態勢

陸軍の本土決戦態勢

（　）内は司令部所在地

- 大本営
  - 第５方面軍（札幌／師団５・独混２・飛行師団１）
  - 第１総軍
    - 第１１方面軍（仙台）
      - 第50軍（青森／師団２・独混１）
      - 直轄部隊（師団４・独混１）
    - 第12方面軍（東京）
      - 第36軍（浦和／師団６・戦車師団２）
      - 第51軍（茨城県石岡／師団３・独混２）
      - 第52軍（千葉県酒々井／師団４）
      - 第53軍（伊勢原／師団３・独混１）
      - 東京湾兵団（館山／師団１・独混２）
      - 東京防衛軍（東京／警備旅団３）
      - 直轄部隊（師団２・独混２・高射師団１）
    - 第13方面軍（名古屋）
      - 第54軍（新城／師団３・独混３）
      - 直轄部隊（師団３・高射師団１）
  - 第２総軍
    - 第15方面軍（大阪）
      - 第55軍（土佐山田／師団４・独混１）
      - 第59軍（広島／師団２・独混１）
      - 直轄部隊（師団２・独混１・高射師団１）
    - 第16方面軍（福岡県）
      - 第40軍（鹿児島県伊集院／師団４・独混２）
      - 第56軍（福岡県飯塚／師団３）
      - 第57軍（鹿児島県財部／師団４・独混２）
      - 直轄部隊（師団３・独混５・高射師団１）
  - 航空総軍（東京）
    - 第１航空軍（東京／飛行師団２）
    - 第２航空軍（福岡／飛行師団１）
    - 直轄部隊（飛行師団３）
  - 第17方面軍（京城）
    - 第58軍（済州島／師団３・独混１）
    - 直轄部隊（飛行師団３）
  - 第10方面軍（台北）
    - 第32軍（沖縄／師団３・独混４）
    - 直轄部隊（師団５・独混７）
  - 小笠原兵団（父島／師団１）
  - その他、関東軍・支那派遣軍・南方軍等

の結果は、東京を始め、本土のほとんど都市はおそらく建物という建物、住宅という住宅は、全ては廃墟と化したであろう。

それはともかく、この米軍の上陸作戦に対して、日本軍に対抗する戦力は残っていたのか？

分隊に一丁の小銃、竹製の水筒にわらじ履きの兵隊

大本営は、この巨大な米軍戦力に対し、第1総軍（東北・東部・東海の軍管区防衛担任）で師団30個・混成旅団12個など、第2総軍（中部・西部の軍管区）で師団22個・混成旅団11個などの戦力が存在していたというが、この戦力は虚構の戦力でしかない。

まず第一に、コロネット作戦で関東に上陸する米軍に対し、それを防衛する日本軍守備隊は、圧倒的に劣勢な戦力しか持ちえなかったということだ。

大本営は、本土への米軍の上陸地点を、南九州と関東方面と予測、また関東方面の上陸については、九十九里浜と相模湾の二カ所と予想したが、この判断は大局的には間違ってはいなかった（大本営の予測は、米軍主力の上陸地点を九十九里浜としたが、実際の主力の上陸地点は相模湾であった。この小さく見えるミスも、対上陸作戦では致命傷となる）。

沖縄で米軍に保護される住民たち

そして、この米軍上陸に対抗する日本軍

は、九十九里浜正面に第52軍（近衛第3師団・第152師団など4個師団）、相模湾正面に第53軍（第84師団など3個師団と1個独立混成旅団）、鹿島灘正面に第51軍（第44師団など3個師団と2個独立混成旅団）、東京湾防衛を担任する東京湾兵団（東京湾要塞部隊・第354師団・独立混成第114旅団など）を配置し、決戦兵団（水際地域に配置される拘束兵団ではない）として第36軍（第57師団など6個師団・2個戦車師団）を配置・編成した（以上は全て第12方面軍傘下部隊）。

本土空襲で飛来するB 29の編隊

しかし、先の米軍戦力と比較すればその圧倒的劣勢は明らかだ。たとえば、相模湾正面の師団の比較では、米軍25師団に対し日本軍はわずか3個師団に過ぎない。兵員数でも圧倒的に劣るが、実際の戦力比では、十分の一どころか（日本軍参謀のある意見）、何十分の一に過ぎないのだ（ここには対上陸作戦の持つ難しさもある。つまり、防御側が予想上陸地域にある程度均等に守備軍を配置しなければならないのに対し、攻撃側は、一点集中で戦力を投入できるという利点がある）。

そして、海軍もまた、多数の特攻機と一般作戦機の配備を予定していたとされるが、航空母艦を始め、戦艦のほとんどを全てを失っていた。それは、もはや戦力と呼べるものはなく、後述するようにもっぱら水上・水中の特攻作戦に頼るほかなかったのだ。

日本軍は陸軍の師団数（兵員）で圧倒的に劣っていただけではない。第二の問題は、この動員された対上陸作戦部隊のほとんどが使いものにならなかった、戦力を有していなかったということだ。

すでに明記した部隊を始めとして、大本営は本土決戦に備えて45年8月まで、陸軍240万、海軍130万、併せて370万人を動員したとされる。

だが、この急遽動員された部隊、つまり、100～200台の師団名をもつ部隊は、ほとんどが徴兵不適格者や老齢の兵士で占められていたという。そして、これらの部隊は、軍隊とは名ばかりの―小銃・銃剣は分隊に一丁しかなく、兵士たちは竹筒の水筒にわらじを履いた―姿であったという。

このほとんど武器さえ持たない兵士たちの動員―これが大本営の予定した本土決戦の実態であり、この兵士たちの「爆弾を抱えた特攻」こそが、唯一の本土決戦の作戦方針であった。

つまり、兵士たちに、小銃などの武器は最初から必要なかったということなのだ。これが単なる誇張でないことは、次に述べる。

本土沿岸築城で始まる捷号作戦

すでに最初のところで見てきたが、サイパン・グアムなどの中部太平洋の島々の陥落―絶対国防圏の重要な一角の崩壊直後から大本営は、次の作戦計画「陸海軍爾後ノ作戦指導大綱」を策定した（44年7月）。この作戦は、知られるように「捷号作戦」と称するものであり、捷一号から捷四号までからなり、その捷三号作戦が本土決戦である。

この捷号作戦の策定後、直ちに発動されたのが、フィリピンへの捷一号作戦であったが、本土方面では、この発動が本格的な築城開始、つまり、本土の沿岸地帯へのトーチカ・砲台・地下壕などの築城構築となったのだ。

本土空襲で焼け出された動物たちの慰霊碑（上野動物園）

すでに大本営は、44年7月に「本土沿岸築城実施要綱」というものを作成していたが、築城が急速に進むのは翌45年3月「国土築城実施要綱」が大本営から出されてからである。

この実施要綱は、45年10月までの完成として、米軍の熾烈な砲爆撃に対しては「洞窟式地下編成を徹底」と「洞窟陣地」構築を、また「対舟艇射撃及汀線ノ戦闘ヲ主トシ」と、「水際戦闘」での陣地構築を指示している。

海軍の特攻兵器「海龍」の実物（グアム島）

そして、この実施要綱が言うのは、「前置地帯」で「敵橋頭堡予想地域ニ潜在戦力ヲ配置シテ敵線内部ニ於テ蜂起シ……挺進攻撃」を行うと、初めて陸戦での特攻攻撃を示すのである。

ここで「前置地帯」という作戦を打ち出した

のも初めてだ。つまり、内陸に置いた「決戦師団」と沿岸の「拘束兵団」を分け、この後者を水際陣地に張り付けるという方針なのだ。そして、この「前置地帯」に配置された部隊こそ、後に述べるように全てが特攻部隊である。

決号作戦の準備要綱の発令

1945年に入り、日本軍はフィリピン—硫黄島—沖縄と次々に敗退を重ねた。いよいよ連合軍・米軍の本土上陸が切迫してくる。こうした中で大本営は、同年4月8日、「決号作戦準備要綱」を発令した。

この決一号作戦が北海道などの北東方面であり、決三号作戦が関東方面の作戦、決六号作戦が九州方面の作戦、そして決七号作戦が朝鮮半島での作戦である。

この決号作戦は、まず、本土決戦の戦備の重点を関東および九州地方に保持する、として、明確に米軍との対上陸決戦の予測地点を定めたことである。

また、この決号作戦は、「作戦要領」として、「陸上作戦ハ上陸セル敵ヲ努メテ沿岸要域ニ圧倒撃滅シテ戦局ニ最終ノ決ヲ求ム」として、これまでサイパン戦の戦訓としていた縦深作戦を否定して、またもや水際防御の決戦を打ち出すのだ。

大本営作戦課でも、「決戦地域は水際で、内陸の持久作戦は一切考えない」「作戦は沿岸で終わり、敗れた軍は沿岸地域で玉砕」(本土決戦担当将校)と明言され、その作戦方針を厳守するようにとの参謀総長通達も存在したという。

この作戦は、「作戦要領」の中でも打ち出されている特攻の方針と重なっている。

いわば、まともな武器も持たない部隊で超重装備の米軍を迎え撃つには、水際の蛸壺に潜んだ兵士たちに爆弾を抱えさせ、特攻させる以外にはなかったということだ。

実際、決号作戦と同日、阿南陸軍大臣によって出された「陸訓第二号」（4月20日に「国土決戦教令」として配布）では、「皇軍将兵は皇土を死守すべし」「皇軍将兵は体当り精神に徹すべし」と訓令されたのだ。

海軍の特攻兵器「震洋」

当時の参謀本部の将校も次のように言う。「戦法は、航空全機特攻、水上・水中すべて特攻、戦車に対して特攻、地上戦闘だけが特攻を避けられるよういわれはない。頼むは『石にたつ矢』の念力のみ」（戦史叢書『本土決戦準備』①500頁）

何ともお粗末な思考であり作戦である。しかし、この「全てが特攻」というのは、たとえば「大本営陸軍部の「対戦車戦闘要綱」でも明記されている。

「対戦車戦闘ハ一死必砕ノ特攻ニ依ル肉迫攻撃ヲ主体トス……全軍将兵ニ……肉迫攻撃戦法ノ徹底」（同書503頁）

九十九里浜に掘られた蛸壺（一人用）から、爆弾を抱えてひたすら突進—こんなマンガのような軍隊を中傷するかのような映画がある。

この映画は、実話だったのだ。実際、すでに見てきたが、九十九里浜や相模湾には驚くほど永久陣地（トーチカを始めとするコンクリートの陣地）がない。北海道のトーチカ群に比べても、あまりにも少ない。もちろん、戦後の混乱の中で一部の陣地は破壊されたのかもしれない。

しかし、この大本営の水際作戦や特攻戦術を見ると、実際問題としてトーチカなどは必要ないのだ。言うならば、たとえばトーチカを構築して使用するには、機関銃などの武器とそれを取り巻く火線をつくる必要がある。だが、機関銃どころか小銃や銃剣さえ装備していない部隊が、こういう戦闘を行うのは不可能である。

だから、大本営は、下手な武器など装備させず、ひたすら爆弾を抱えて戦車に突進させる——武器も、戦闘訓練も必要ない、老齢の兵士で——ことだけでよかったのだ。

44年10月の東部軍の築城命令では、たとえば「特火点」(トーチカを正式にはこう言った)を、平塚付近海岸4、一宮—神の池海岸6、船台・石巻海岸10など合わせて38基造るとされている。

ところが、その数においてあまりにも少ないだけでなく、同命令などでは「偽陣地」構築が相当数を占めている。これは鉄筋やコンクリートなどの築城材料が不足しているだけではなく、作戦思想からくるものだろう。

海軍の特攻兵器

本土決戦態勢の中で、もう一つ明記すべきは、海軍の作戦である。すでに戦艦大和を始め、航空母艦・戦艦などの艦艇のほとんどを失い、連合艦隊司令部でさえ、陸《おか》に上がってしまった海軍は、本土決戦において、すべてを特攻作戦に注ぎ始めたのだ。

決号作戦が発令された同4月8日から、海軍は特攻兵器の生産を急ぎ、同時に作戦予定地での特攻基地の建設を急がせた。

特攻兵器には、「桜花」を含む特攻機約

3700機が配備され、また関東・九州を軸に「回天」118隻、「蛟龍」74隻、「海龍」252隻、「震洋」2900隻、そしてあの「伏龍」などの「人間機雷」も、急ピッチで配備された。

こうして、関東地方の米軍の上陸予定地である九十九里浜周辺、そして房総南部、相模湾周辺の至るところには（米軍上陸が予想される全国の沿岸部の全ての所へも）、特攻基地用の壕が造られていくことになった（関東では、八丈島・小名浜・銚子・勝浦・小網代・油壺・伊豆半島・沼津・松崎など）。

海軍の九六式25ミリ高角機銃

軍部・大本営の本土決戦とは、文字通り兵士たちの肉弾戦であり、それ以外の作戦はない。これは兵士だけではない。同年6月、義勇兵役法下で動員された全ての国民の成年男女も、この肉弾戦に投入されることになった。同法の下で、たとえば17～40歳の女子も、召集されることになった。

本土決戦下に召集され、相模湾に動員されたある兵士は、当時の訓練についてこう述べる。

「初年兵の訓練は、当初一週間ほど、大磯、小磯の海岸で行われた。銃剣術の刺突訓練を繰り返し、その後、大磯の砂浜でアメリカ軍のM戦車を想定し、四角い木の箱の5キロの模擬急造爆雷を背負って2台のM戦車に対する肉薄攻撃の訓練を受けた。海岸の砂の上の匍匐《ほふく》は、体が前へ進まず、辛く厳しかった。爆雷をM戦車のキャタピラが踏めば、戦車もろとも四散するだろう。そして教育係りの伍長勤務上等兵から、この海岸で挺身中隊の突撃する日は遠くないといわれていた」（小松道男著『焼けないでくれた戦中日記』）

■米軍上陸の主舞台・相模湾の日本軍防御陣地

稲村ヶ崎の伏龍隊出撃陣地

相模湾のほぼ中央に位置する鎌倉市の稲村ヶ崎は、「富士山景勝50選」になるほどの美しい海岸地帯だ。東に由比ヶ浜が、西には七里ヶ浜が広がり、その向こうには左手に江ノ島、右手に富士を展望する（142頁下）。

七里ヶ浜の　磯伝い　稲村ヶ崎
名将の　剣投ぜし　古戦場

この尋常小学読本唱歌『鎌倉』は、年配の世代の方はよく歌わされたであろう。この地を謳った歌である。

古戦場でもあった稲村ヶ崎（鎌倉海浜公園）の岬の岩場には、よく知られている機銃陣地がある。崖の中腹にあるそれは、陸軍が構築したものといわれている（次頁上）。

この一つだけ見える銃眼はよく知られているが、その横にあるもう一つの洞窟は、あまり知られていない（左）。というのは、この洞窟は「立入禁止」の看板を越え、海伝いに渡らないと行けないからだ。

この海の中を周り込むと、驚くことにさらにもう一つの洞窟があった（左頁下）。これが「人間機雷・伏龍」の出撃基地跡だ。

本土決戦に備え、様々な特攻部隊を作り出した海軍は、大挙襲来する米艦隊に対抗するため、回天・蛟龍・震

洋などの特攻兵器を準備したが、その最悪の非人間的兵器が伏龍であった（約3千人が訓練、2千900隻が出動態勢）。

人の背丈ぎりぎりの洞窟を入ると、壕はずっと奥まで続く。素堀りの壕からは時々、水滴が落ちる。壕は先ほどの二つ目の壕に繋がっているようだ。壕は優に100㍍以上はある。

ここから竹竿の先に「棒機雷」を付け、潜水服を着て海中を歩かされる兵隊たちは、生きた心地がしなかったのではないか。俳優の安藤昇や小説家の城山三郎も伏龍隊員だったという。この出撃隊員の所属は横須賀・久里浜の第71突撃隊であった。

相模湾に向けられた黒崎の鼻砲台跡

米軍のコロネット作戦の、文字通り「主上陸地点」であった相模湾には、沿岸沿いに数々の陣地が造られた。三浦半島観音崎南西の三浦海岸一帯にも、多数のトーチカ陣地が造られたという（現在は消滅）。

また、半島の南西、油壺や小網代湾一帯には、回天・海龍・震洋隊などの洞窟出撃壕が構築された。これら特攻兵器は、艦艇のほとんどを失っていた海軍唯一の米艦隊洋上撃滅作戦であったのだ。

そして、この特攻部隊の出撃基地とともに急ピッチで造られたのが、本土決戦で米艦隊を迎え撃つための相模湾沿岸の各種砲台である。

現在、東京圏の保養地帯・海水浴地帯となっ

ている三浦半島の西海岸には、多数の砲台跡が残る。その一つが三戸《みと》海水浴場北端の黒崎の鼻砲台跡だ（前頁・上、ホームレスが住み着く）。

砲台は、岬の丘陵の中腹に2門が残る。真ん前には岩場が広がる。この砲台の特徴は、第一砲台と第二砲台が壕で繋がっていることだ。真ん中にはこの砲台の隠し出入口もある（左）。

そして、壕内には弾薬庫や司令室、兵員室など部屋がいくつも設けられ、縦横無尽に広がっている。まさに、米軍の嵐のような砲爆撃を想定して構築された壕だ。

砲台は、相模湾正面を向いて造られているが、サイパン戦などの経験からすると第一発の発射後、無数の砲爆撃の反撃で砲台は壊滅したであろう。

狭い海岸沿いに砲台が集中する三戸海岸

黒崎の鼻から岩場を回って少し南へ行くと、三戸海岸に出る。知る人ぞ知る穴場の海水浴場だ。その岩場の近くに立入禁止の囲いがある(三戸海岸北)。覗くと、ドーム状の壕の左奥に兵員の待避壕のようなものが見える(下)。

壕内を少し奥の方に入って見る。すると壕内は一気に狭くなり、左右に急坂の階段が現れる。ここも壕はかなり長く繋がっているが、人一人通るのがやっとだ。

雑草が茂って見えなくなっているが、丘陵の中腹辺りには、狙撃口が四つあるという。この陣地は、丘陵の特徴をうまく使い、左右だけでなく、上下にも移動しながら攻撃するという地下壕陣地として造られている。

だが、こういう海岸地下壕はどのくらい有効だったのか？　米軍の地形が変わるほどという絨毯爆撃で、出入口が崩落するばかりか、まともな射撃さえもできなかったのではないか。特に艦砲のすさまじい射撃では、砲弾の直撃を食らっていたかもしれない。

太平洋戦史によると、敵上陸地帯を向いた砲台のほとんどは、上陸前の艦砲によって破壊され、唯一、反対斜面に置かれた砲台・陣地だけが破壊を免れたとされる。つまり、これら洞窟砲台は、巧妙に造られたとはいえ、やはり無力であったのだ。大本営のこの海岸砲台構築を含む水際防御作戦は、つまるところ玉砕戦以上のものではない。

三戸海岸の南側にも銃座跡

この三戸海岸は、大して広くもない地域に、砲台跡が二つもある。前頁まではその北の砲台について書いてきたが、ここは南の海岸だ。海辺の砂浜の少し上に、この銃眼は見える。

形状からすると、岩場を利用したトーチカのようだ。

中に入ることはできないが、銃座は二カ所あるという。だが、もう一カ所は見つけることはできなかった。

油壺の岬突端に残る砲台跡

三浦半島の南西にある油壺や小網代の入り江は、たくさんの洞窟が残る地域だ。ここには震洋隊・海龍隊など部隊が置かれていた。

この油壺の岬の先端にあるのが、下の砲台跡だ。岬をめぐるハイキングコースの途中にあるこの砲台跡は、よく知られた場所でもある。

中には、部屋が三つほどあるが、出入口とも今は入れなくなっている（上）。

直線の滑走路跡―初声特攻基地

京浜急行の終点、三崎口駅を降り、少しほど北へ行くと、一直線の道路と広々とした畑地が見える。ここが初声《はつせ》海軍航空隊（横須賀第三飛行場・未完成）跡だ。道路は直線で約1キロはあるだろう。この航空基地は、紛れもなく本土決戦下の特攻隊用の基地であった。

三浦半島ではこの他に、対岸の長浜にも特攻航空基地が建設中だった（長井飛行場）。

湘南海岸のメッカ・江ノ島砲台跡

湘南海岸の海水浴場のメッカ・江ノ島。この島にも、西端に砲台跡が残る。今はホームレスの人が住み着くこの洞窟（左上の数十メートル脇にもう一つの洞窟・左下）には、2門の砲台が配置されていた。また島には、要所に高射砲陣地も築かれ、ここは文字通り要塞化されていたのだ。

■陸に上がった連合艦隊司令部のある日吉台地下壕

設備の整った連合艦隊司令部壕

東急東横線日吉駅を降りると、その東側にはなだらかな丘に直線で300㍍もある銀杏並木が連なっている。ここが慶應義塾大学日吉キャンパスだ。

この銀杏並木の丘を登り、通称まむし谷の方へ降りていくと、忽然と地下壕が姿を現す（左）。これが日本海軍の連合艦隊司令部の置かれた地下壕跡である（総延長2600㍍）。

内部に入ると、入口から通路はなだらかに傾斜している（下）。地下壕は、約30㍍まで掘り下げられているという。

地下壕はアーチ状に築かれており、表面はコ

ンクリートで綺麗に塗られている。筆者は東京西部の浅川地下壕や松代大本営地下壕も見てきたが、これほど表面がしっかり塗られた壕は見たことがない。この壕は、地下壕としてはほぼ完成したものといえよう。

壕内をしばらく進むと、大きな迷路のような空間がいくつもある場所に出る。地下壕の中心の施設が集まるところだ。この一つが連合艦隊司令長官室（次々頁上）で、その近くには作戦室がある（次々頁下）。

この作戦室は地下壕の中でも最も広い。幅4㍍、高さ3㍍、奥行き20㍍ある。内部には、この時代では珍しい蛍光灯も取り付けられていたという。この周囲には、暗号室・電信室なども配置されている。

壕内部の環境も優れている。内部は風速が毎秒1㍍になるよう定められ、そのための空気孔もあちこちに取り付けられている。左下のキノコ型の建物は、「耐弾式竪穴抗」と呼ばれるもので、地下との階段状の通路になっている。

海軍中枢全てが集まった……

　この地下壕の建設が始まったのは44年8月、グアムの陥落直後だ。直前のマリアナ沖海戦で日本海軍は壊滅的打撃を受け、制海・製空権全てを失ってしまった。この後、本来連合艦隊の旗艦に置かれていた司令部も、艦艇の大幅な減少の中で遂に陸《おか》に上がることを余儀なくされたのだ。これが日吉地下壕の建設であり、その移転である（44年9月）。

　ところが、ここに移転してきたのは連合艦隊司令部だけではなかった。本土決戦態勢の中で大本営は、海軍の全ての指揮を執る海軍総隊を設置したが（45年4月）、これもこの日吉に移ってきたのだ。つまり、艦艇を失った日本海軍の全ての中枢が集まったということであり、この地下壕こそは、このための最後の決戦場であった。

　実際、この司令部の通信室には、特攻隊機の最後の突入の通信や戦艦大和の最後の通信も届いていたという。本土決戦が始まれば、間違いなくあの非道な特攻作戦の指揮も、ここでなされたのであろう。

　二十歳《はたち》にも満たない青年達を無慈悲に特攻に送り自分達はB29の空爆にも耐える地下壕で生き延びる—その生き証人がここである。

E 連合艦隊司令長官室

■日本最大の横須賀・野島の掩体壕

海軍最初の航空隊

神奈川県横須賀市と言えば、軍港として知られている。しかし、この横須賀がまた、日本海軍最初の航空隊の発祥の地であることを知る人は少ない。

横須賀港のほぼ北側にある、追浜町に横須賀海軍航空隊はあった。現在の貝山緑地の辺りがその場所だ（現在、発祥の地の碑が建立）。

この航空隊は、もっぱら航空機要員の教育・錬成や新型機の実用試験などを任務としていた。だが、本土決戦態勢が作られていく中、44年2月からは実戦配備が始まる。この本土決戦態勢の中で建設されたのが野島の掩体壕だ。

野島の掩体壕は、左下の図にあるように日本

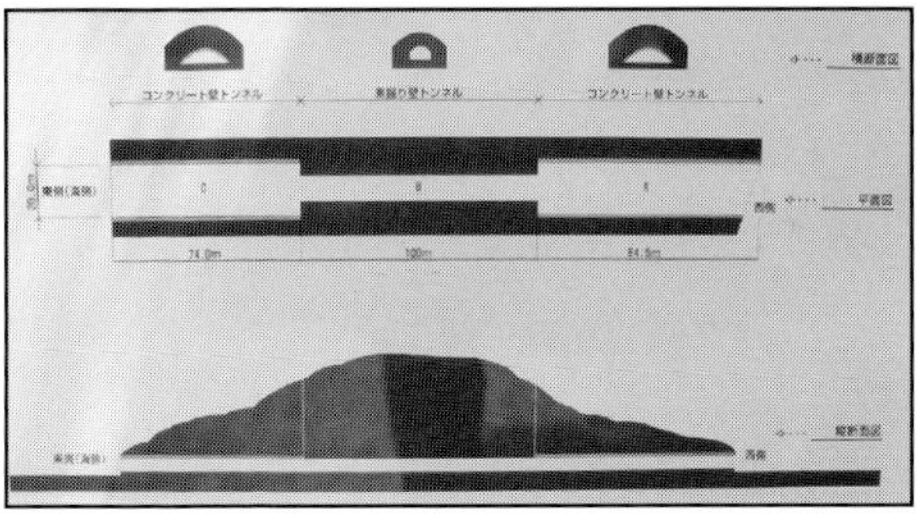

では最大の掩体壕である。標高55㍍の野島山を東西に完全にくり抜き、壕は掘られている。
アーチ状の間口は20㍍、高さは7㍍とそれほど大きくないが、壕の長さは約260㍍ほどもある。小型戦闘機100機の格納を予定していたというから、かなりの大きさだ。筆者も全国の掩体壕を見てきたが、これほどの大きさのものは初めてである。
掩体壕は、野島山を東西に貫いているから、掩体壕の出入り口は、東西にある。山手の方と海側である。右頁が海側の入口であり、次頁上が山手の入口である。
現在、壕の中は封鎖さ

れて入ることはできないが、外から見るだけでも価値はある。また、この周辺を歩くと至るところに壕が掘られているから、この中央坑に繋がる出入口が何カ所もあることが分かる。

この野島の狭い海を挟んで、東側にあるのが夏島である（上の右の木の茂った場所）。この夏島にも掩体壕が造られていたといわれている。実際、当時は野島と夏島は陸続きで、この周辺に滑走路があったといわれている。

現在、この滑走路跡は、日産自動車追浜工場のテストコースとなっている（上）。

掩体壕前にある掲示板によると、ここを担当した第３００設営隊の戦時日誌には、45年3月15日から6月30日までの掘削工事の記録があるという。写真右頁は、その工事の様子だ。

この設営隊は、日吉台や松代大本営地下壕の工事も担当したという。

■「決戦兵器」開発を急いだ登戸研究所

米大陸に九千個投下された風船爆弾

明治大学生田キャンパスには、陸軍の秘密戦を担った登戸研究所（正式には、第九陸軍技術研究所）の施設をそのまま使った資料館が残されている（左）。

ここでは、電波兵器や毒物・薬物・生物兵器、特殊兵器、偽札の製造など、防諜戦・謀略戦の研究・開発が行われたのだ。

この研究所は、1937年に開設されたが、日本軍の敗勢の中で、陸軍参謀本部の直接指揮下で強化されることになった。

1942年8月には陸軍は「世界戦争完遂ノ為、決戦兵器ノ考案ヲ要望」という指示を出し、「電波兵器」「特殊気球」「神経戦兵器」などを決戦兵器として造るよう求めたのだ。

この中で実戦されたのが、風船爆弾や中国での偽札の大量発行（当時のお金で45億円）であった。風船爆弾は、44年11月から千葉県一宮などから、ジェット気流に乗せ、太平洋を横断して約9千発が米大陸に投下された。

米国発表では、このうち米大陸に降下したのは361カ所の千発であり、死者6人が出たという。

本土決戦切迫の中、この研究所も、大本営などとともに長野県に移転し、決戦態勢にいっそう組み込まれていった。

登戸研究所の裏にある「弾薬庫」（実際は薬品庫）

当時の登戸研究所第二課実験棟を使用した明治大学平和教育登戸研究所資料館（上）
風船爆弾の貼り合わせに動員された女学生たち。下はその実物 10メートル大の写真

■調布・三鷹に残る掩体壕

武蔵野の森公園内にある大沢2号

調布飛行場と言えば、伊豆諸島へのコミューター空港として有名だ。

この調布飛行場の、調布市と三鷹市の境にある都立武蔵野の森公園の中に残るのが、陸軍調布飛行場の掩体壕である。

西武多摩川線の多磨駅を下車し、人見街道から公園内に入ると、まず見えてくるのが「大沢2号」という掩体壕だ（下）。

掩体壕は、周辺が綺麗に整備されている。さすがは東京の戦跡である。だが、整備されているわりには、ほかの各地のものと違って内部に入ることはできない。外から眺めるしかないのは、ちょっと残念だ。

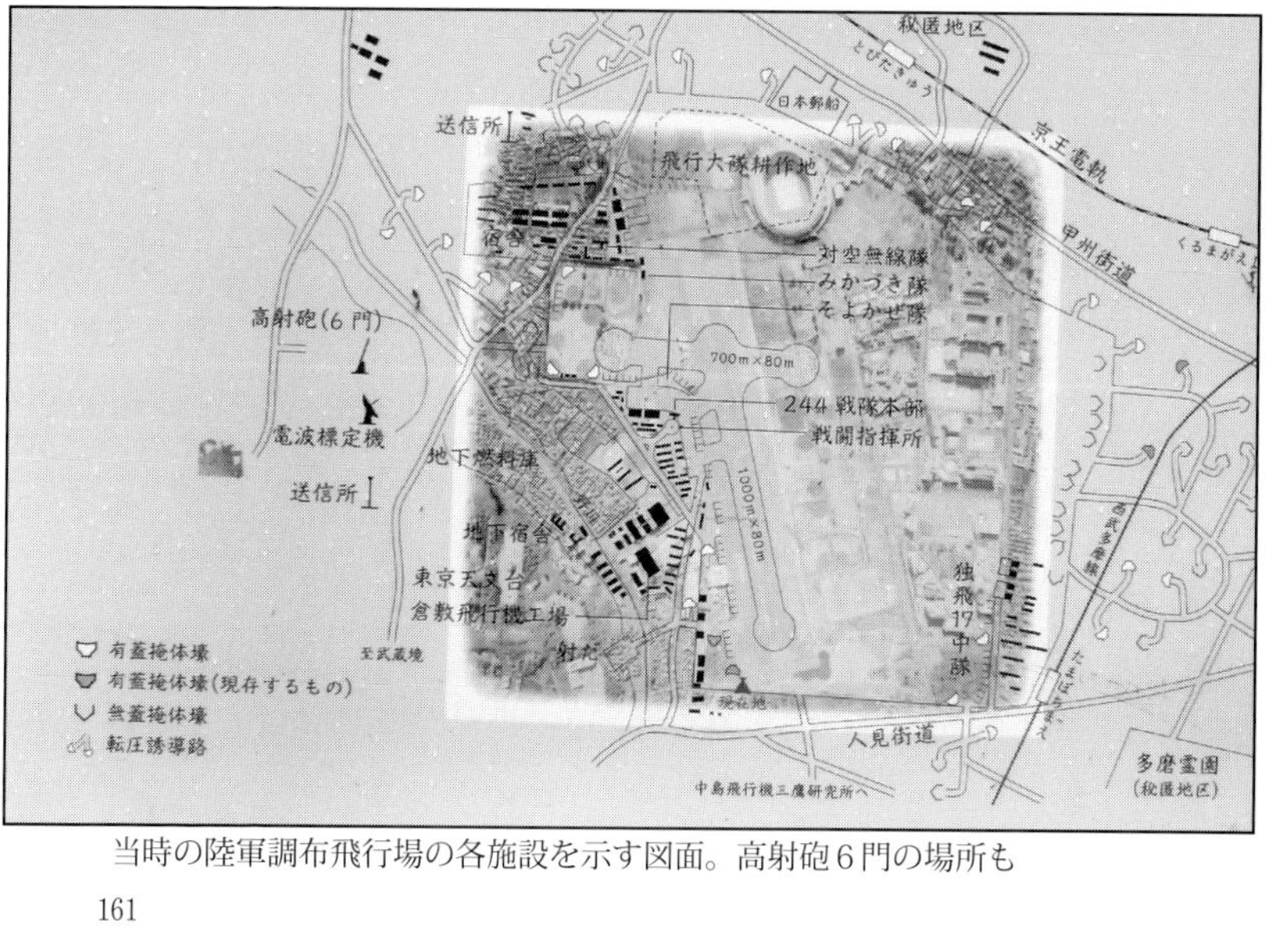

当時の陸軍調布飛行場の各施設を示す図面。高射砲6門の場所も

この大沢2号から調布飛行場に沿って進むと、100㍍ほど行ったところに、大沢1号掩体壕が見える（左・下）。

こちらもしっかりと整備され、周辺には金網が張られている。ただ、ここはその開口部さえ完全にふさがれており、その壁には、当時ここに格納されたという戦闘機「飛燕」が描かれている。横には、その模型まで置かれ、いたれりつくせりだ。

この戦闘機「飛燕」は、1943年陸軍が正式に採用した主力戦闘機だ。性能は、時速

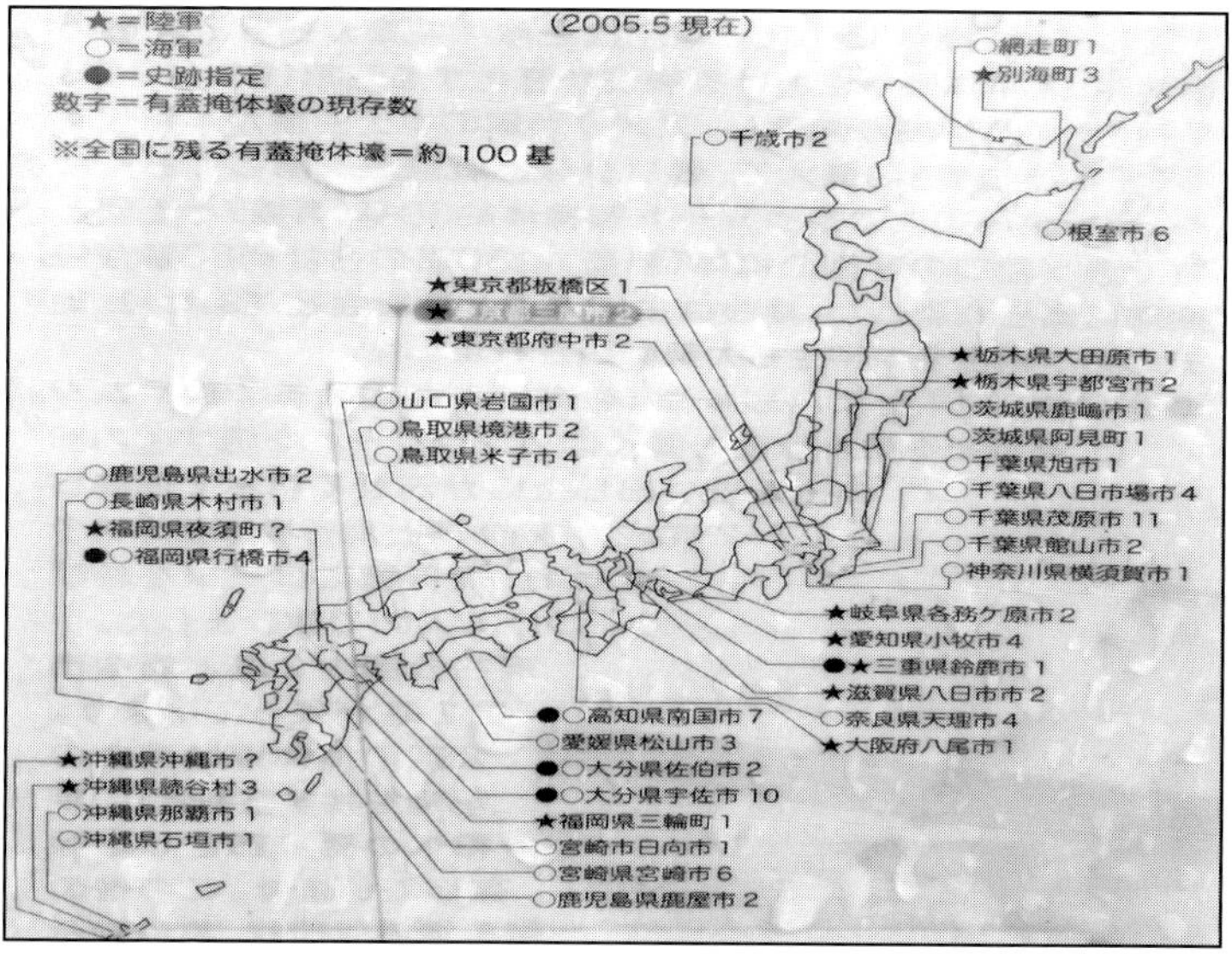

全国に残された掩体壕100基の位置を示す図

590キロで高空性能を誇ったというが、45年から本格化したB29の東京空襲には役立たなかったという。やむを得ず、この戦闘機は航空特攻―体当たりを繰り返したと言われる。

さて、この掩体壕のある調布飛行場は、もともとは東京府の公共用飛行場として開設された。だが、戦争の始まりとともに41年、陸軍が首都防衛用に占有、飛行第244戦隊を編成した（滑走路は千と七百㍍の二本が建設、前々頁図）。

そして、東京空襲が本格的に始まる中で、首都での数少ない航空隊として米軍機迎撃を行っていたのだが、軍の保有戦闘機が減少する中で最後には掩体壕に格納され、温存された。

ところが、この飛行戦隊は、沖縄戦が始まると、あの特攻部隊の援護のため、鹿児島・知覧航空隊に異動を命じられたという。つまり、大空襲下の東京には、全く役立たなかったのだ。

市指定文化財になった白糸台掩体壕

調布飛行場の周囲には、当時、30基の有蓋掩体壕が存在したというが、現存しているのは、三鷹市の2基と府中市の2基だ。その一つが、下記の白糸台掩体壕だ（左は二つ目の掩体壕）。

府中市は「戦争の悲惨さや平和の尊さを次の世代へと語り継ぐため」に08年、ここを市指定文化財とした。すばらしい文化的行政である。

西武多摩川線白糸台近くの踏切の案内図

上は府中市の二つ目の掩体壕、民家が使用中で立ち入れず（白糸台小学校正門前の工場裏の畑地に所在）。下は白糸台掩体壕の内部図

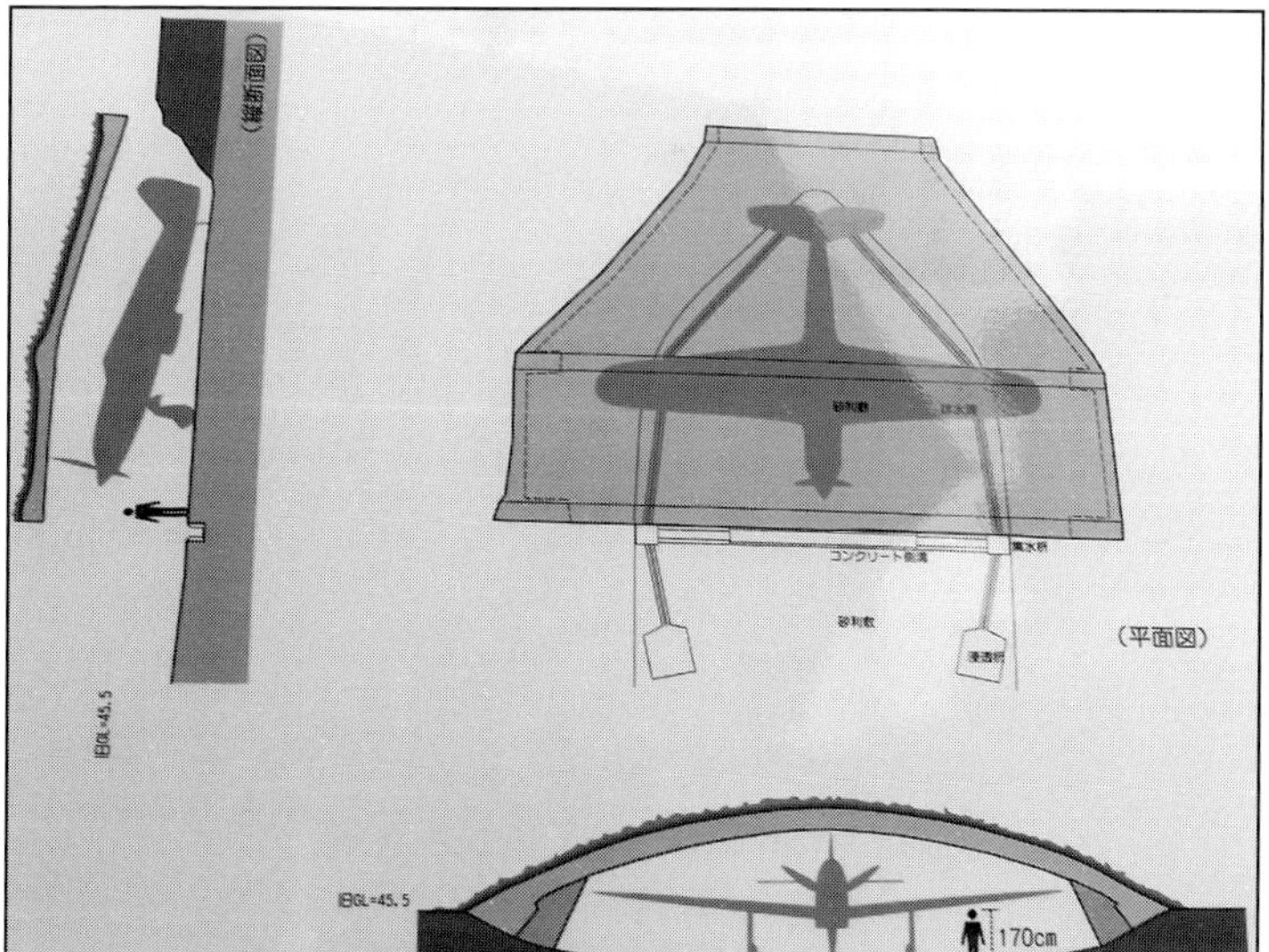

■東京空襲下で地下軍需工場が造られた浅川地下壕跡

東京初の空襲を受け地下工場へ

中島飛行機といえば、日本最大の航空機メーカーであるばかりでなく、世界でも有数の航空機製造会社であった（現富士重工業）。戦闘機「隼」やゼロ戦のエンジンなども生産し、敗戦までに生産した戦闘機は約3万機ともいわれる。

この中島飛行機は、当然にも米軍の本土空襲の最初の標的となった。1944年11月24日の同社武蔵野工場の空襲がそうである（労働者約220名の死亡ほか、周辺住民数百人も死亡）。

この大空襲はもとより、すでに本土決戦が切迫する中での航空機生産の維持は、大本営にとって至上命令だ。こうして、政府は、45年4

月、同社などの軍需工場を国有化するとともに、その生産設備を地下へ移すことにした。

その場所に選ばれたのが、八王子市の南西部の山稜（高尾山の反対側）だ。ここには、イ地区、ロ地区、ハ地区と呼ばれる三カ所の地下壕が掘られた。

計画された坑道の総延長は1万㍍を超え（約80%が完成）、松代大本営壕に匹敵するという。

JR高尾駅から南へ約20分、小さな小川沿いの道を歩くと、高乗寺という寺に着く。この寺の横の住宅の中から地下壕に入る（左の元の入口は、崩落のため現在閉鎖。現入口は上）。

坑道の中は、剥き出しの岩肌が続く。やはり未完成なのか荒削りだ。また所々では、岩盤が崩れ、大量に坑道を覆っている（次頁）。坑道はおよそ高さ3・7㍍、幅4・6㍍で、長さは120～370㍍と様々だ。むし暑い外と異なり、ひんやりしている。

この地下壕で記録では、45年7月から約330台の工作機械が据え付けられ、約10台のエンジンを完成させたという。ところが、戦後、米国（戦略爆撃調査団）が調べたところ、ここに

坑道の崩落した所では岩石が山積み（上）。立入が禁止された柵が置かれる（下）

据え付けられた旋盤・研磨機などの工作機械の80％が米国製であったということだ。なんという歴史の皮肉だろうか。

ところで、アメリカは、45年8月2日、八王子市にB29による大空襲を行い、約1600トンの爆弾を投下した。この投下量は、東京大空襲に匹敵し、同市では死者445人、家屋喪失約1万5千戸にのぼった。この同市への無慈悲な空襲は、地下軍需工場の存在にあった。空襲の2日前に予告のビラが空中散布されたことから、それがうかがえるのだ。

■空爆の痕が生々しい

日立航空機立川工場

93年まで供給し続けた発電所

米軍の本土空襲の最初の目標は、全国各地の軍需工場だった。もちろん、あの東京大空襲を始め、都市も無差別の爆撃対象である。

ここ日立航空機立川工場も、その目標の一つになった。1945年2月から4月にかけ、同工場は、3回の機銃掃射・爆撃を受け、労働者・動員学生・周辺住民の110名が死亡した。言うまでもなく、工場は壊滅だ（中島飛行機とともに、同社は国内有数の航空機エンジン製造の軍需企業）。

ところが、工場壊滅後の戦後もずっと稼働して電気を送り続けたのが（93年まで）、下記の変電所だ（東大和南公園内に所在）。

変電所は、建物の前面に無数の機銃の弾痕やB29の爆弾の炸裂痕を残しながらも、補修されることなく操業を続けてきたというわけだ。
この変電所跡内部には、通常は立ち入れない。しかし、表の弾痕を見るだけで当時の空襲のすさまじさが分かる。本土空襲、とりわけ東京空襲の被害跡がほとんどなくなる中で、この空襲の傷痕は、真に戦争の記憶を喚起させる。
東大和市は、当時の従業員や市民の働きかけの中で、1995年、この建物を市の史跡に指定した。本土空襲の記憶が人々からほとんど忘れ去られようとしている中で、この市の史跡指定は、とても重要な出来事である。
東北大震災後、現地では震災を象徴する様々な施設などが撤去されている。だが、人々の記憶の喪失とともに、大被災は再び繰り返す。戦跡の喪失も同様、戦災を再び繰り返すのだ。

裏から見た変電所。周辺にこの設備が置かれる（上）。下左は空襲犠牲者の慰霊碑で、全員の氏名が刻まれている。下右は花壇にある同社製造のエンジンか（説明なし）

■戦跡巡りためのガイド

立入制限の地下壕

全国各地に存在するほとんどの戦跡は、誰でも自由に見学することができる。ただ、トーチカや砲台などの戦跡は、地元の教育委員会などが管理していない施設も多いから、内部に入る際には注意が必要だ。

また、松代大本営跡や赤山地下壕などのように、地元の自治体などによって管理され、常時立ち入ることができる施設もあるが、通常は立ち入ることができず、月一度のボランティア団体などの案内で立ち入れる施設もある。これらの連絡先を記しておこう。

また、インターネット情報などで紹介されている戦跡も、時にはすでに崩落・撤去されていたり、立ち入りが禁止されていたりする場合もある。したがって、これらの戦跡を訪ねる際には、当該自治体・団体にあらかじめ連絡してほしいと思う。

＊日吉台地下壕……日吉台地下壕保存の会
神奈川県横浜市港北区下田町５―20―15亀岡方
電話・ファクス０４５―５６２―０４４３喜田
気付 hiyoshidai-chikagou.ne
注 見学は月１回 要予約

＊浅川地下壕……浅川地下壕の保存をすすめる会
神奈川県相模原市緑区城山４―16―25山梨喜正
気付 http://www.geocities.jp/takaotown/
注 見学は月１回 要予約

第5章　関東平野の本土決戦態勢

量産されるB 29爆撃機

■中島飛行機の地下軍需工場跡が残る吉見百穴

観光地化された吉見百穴

東武東上線東松山駅から徒歩で20分、東松山市の地元で「よしみひゃくあな」というのが、地下軍需工場跡のある吉見百穴だ。だが、「ひゃっけつ」というのも間違っていない。

筆者が、初めてこの地を訪れたのは四十数年前。当時、熊谷市にある航空自衛隊生徒隊（少年自衛官）の1年生、同基地から初めての完全武装の「行軍」だった。この百穴の前には小さな河原があるが、ここで野営した記憶がある。

当時、この百穴周辺には、何もなかった。見学で吉見百穴は見ることができたが、地下壕はこの時代は全てが閉鎖されていた。

ところが、今回訪れてとても驚いたのは、百穴の前に、飲食店や土産物屋が所狭しと並んでいたことだ。資料を展示する埋蔵文化センターも建てられている。

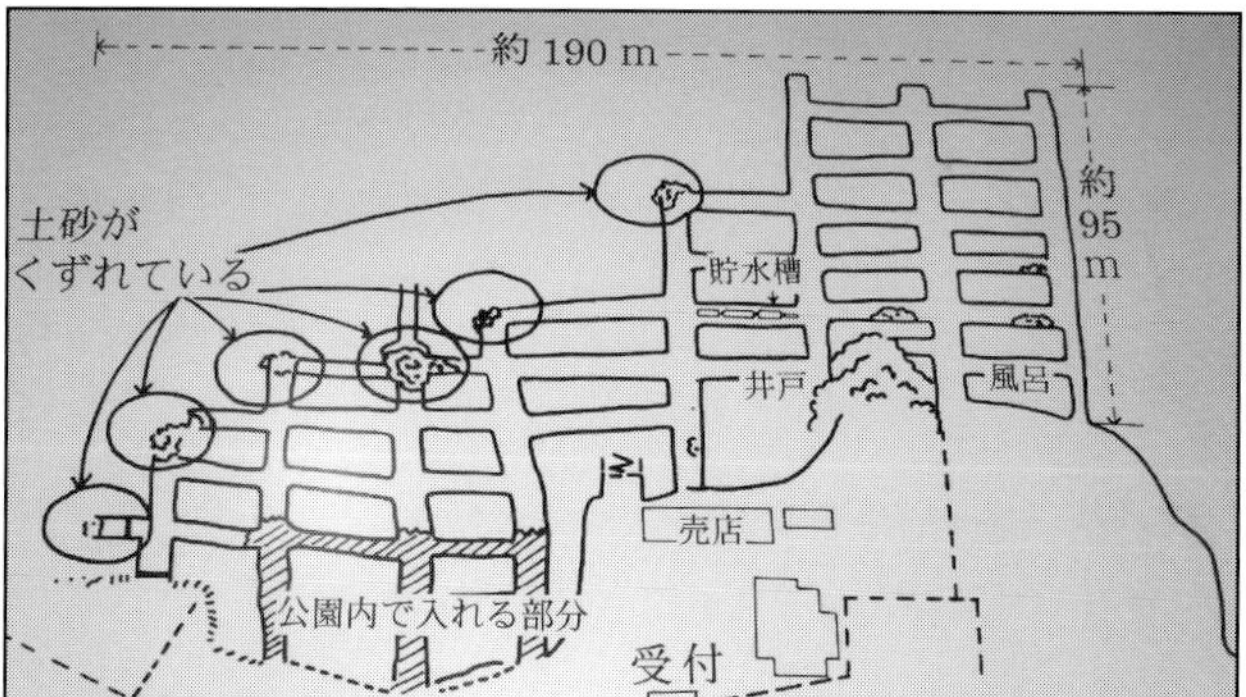
約 190 m
約
95
m
土砂が
くずれている
貯水槽
井戸
風呂
売店
公園内で入れる部分
受付
WC
売店
公園入口

そして、ここには平日にも関わらず、多くの観光客が訪れていた。

観光客の目的は、ここにある国の重要文化財・横穴墓群（右頁の

219個の穴）を見ることだが、相当の人々が地下壕も見学していく。

中島飛行機大宮工場の疎開

この地下壕こそ、あの中島飛行機の大宮工場が、本土決戦下で疎開してきた地下工場跡である。つまり、44年11月の同社武蔵野工場の空襲とそれによる生産停止後、その年の暮れにはすでにこの地下壕の建設が始められたのである。

地下壕は、当初の予定では、

地下軍需工場跡
壕内の巨大な洞窟は、右の方五〇〇米から、左の方八〇〇米に亘り、山腹に掘られた三十数か所の一部であります。

第二次世界大戦の末期昭和二十年初頭前後から八月に至る間、地下軍需工場用に掘られました。

この戦争の末期に各地の軍事施設は、アメリカ軍のB二九爆撃機により大きな損害を受けました。

当時わが国で最大といわれた中島飛行機株式会社でも、その大宮工場（現在の富士重工）エンジン製造部門の全施設をこの地下に移転することになりました。

掘削は全国各地から集められた三〇〇〇人から三五〇〇人といわれた朝鮮人労働者により昼夜を通した突貫工事として進められました。

ダイナマイトを使用した人海戦術でした。

トンネルは、幅四〇米、高さ三米の馬蹄形で、現在公開されているのは、十分の一の広さにも及びません。

七月頃には完成した場所に工作機械が搬入され、大宮工場から転居した従業員や勤労動員学徒により、エンジンの部品が製造されましたが、本格的な生産活動に移る前に終戦となりました。

掘削工事に従事した最後の朝鮮人と言われた人の帰国に際し関係者により催された懇談会の席上、日本と朝鮮との平和を希望して植えられたムクゲの苗木は、現在も、この地で生長を続けています。

吉見町

１３００㍍、四つの区画で計画されていたとされるが、完成したのは約５００㍍で、その一部が現在公開されている（１７５頁の図面参照）。

　さて、コンクリートで固められた坑道に入ると、夏だというのにひんやりとする。壕はとても広々としている。坑道は幅が約４㍍、高さが約３㍍で馬蹄形をしている。坑道は碁盤の目状に走っており、所々に横穴もある。崩落する可能性のあるところは金網で封鎖されている。

　この地下壕は、もっぱら戦闘機のエンジンを生産するために造られたが、その間、大宮からは同社の労働者や勤労動員の学生らが多数働いていたという。

　この地下軍需工場は、本格的生産に入る前に敗戦になったが、特筆すべきは、やはりここでも数千人の朝鮮人労働者が、この地下壕の建設のために動員されていたということだ。

■軍都・宇都宮に残る戦争の傷痕

宇都宮飛行場の掩体壕

かつて軍都と呼ばれた宇都宮だが、この宇都宮市にその軍都の名残である航空基地の掩体壕が残っていることを知る人は少ない。

掩体壕は、市内から約17キロ離れた栃木県農業大学校の採草地・植林地内にある。

大学校も夏休みの7月、筆者は同地を訪ねた。校内にも、牧草地にも人影はなく、ただ放牧された牛たちだけがいる。

その牛たちを横目に、牧草地に入ると、遠くに大型の掩体壕が見える。とても大きい。近づいてみると、「立入禁止」の標識が建つ。見ると確かに危険だ。掩体壕の上部に大きなひびが入っている（179頁）。

掩体壕は、鉄筋コンクリート造りで、入口幅28・1㍍、奥行き22・6㍍、高さ6・6㍍である。かなり大きい。資料によると、屋根の上には空襲で受けた弾痕跡があるという。

この掩体壕のほかに、奥の植林地の中にもう一つの掩体壕があると記録されている。筆者も深々とした雑草をかき分けながら、この奥へ奥へと進んでみた。だが、行けども行けども、周りは深い木々に覆われ、掩体壕を見つけることはできなかった。たぶん、ここは雑草が枯れ、木の葉が落ちた真冬に来れば見つけることができるかもしれない。

ところで、この掩体壕が大きいのは理由があ

るのだ。というのは、ここに格納されていたのは、陸軍の百式重爆撃機「呑龍《どんりゅう》」だからだ。この機は、全長16・81㍍、全幅20・42㍍、航続距離3千キロと、巨大である。

この爆撃機用の掩体壕として造られたのがこれであった。

この爆撃機が置かれたのが、陸軍宇都宮飛行場（清原飛行場）である。この飛行場は、農業大学校の北、現在の清原工業団地の辺りにあった。ここは本土決戦が迫る中の44年11月、コンクリートの補強工事がなされ、重爆撃機用の滑走路が完成したのだ。

滑走路は、南北に長さ１５００㍍、幅50㍍に造られ、これに合わせて掩体壕も24カ所が造られた。左の写真が、当時の滑走路跡を忍ばせる道路だ。地図で測ると１５００㍍はある。団地内には、この直線道路が4本走っている。

MANI

宇都宮師管区司令部の地下壕跡

この大学校の反対方面、宇都宮市内の県庁付近に行くと、当時の陸軍宇都宮師管区司令部の地下壕が残っている。位置は、県庁の北の方向にある八幡山公園内の、さらに北の方向にある丘陵地帯だ。

下の写真に見るように、まず第一の入口が、ひょうたん池と言われる小さな池の脇にある。ここを含め、全ての地下壕入口は崩落の危険のため閉鎖されている（夏の期間のみ公開という情報もあるが、市に問い合わせたところ現在は公開していない）。

この壕の入口の他にも、山の周辺にはいくつもの壕の出入口がある。記録によると、出入口は、11カ所あるということなので、筆者はこの丘陵地帯をくまなく観察して回った。しかし、

発見できたのは、わずか三カ所であった。

　丘陵地帯の周辺には、いくつものレジャー施設やサイクリング・ロードが造られているから、おそらくこのため封鎖されてしまった可能性がある。

　さて、この地下壕は、どのように造られたのか。

　これらの地下壕の総延長は、721㍍と記録されており、相当の大がかりな工事がなされたことが推測できる。

　この地下壕は、本土決戦が急迫する中の1945年6月、2カ月間の突貫工事で完成されたという。工事を担ったのは、軍事機密保護のために、民間人ではなく陸軍部隊のみであったとされる。

　このため、戦後、この地に地下壕があるという噂はあったものの、この発見が遅れることになった。

　陸軍が軍事機密として、秘密裡に工事を進めたのもうなずける。というのは、この地下壕は宇都宮師管区司令部が使用する指揮所としての壕であったからだ。

　この宇都宮師管区司令部とは、すでに紹介した「帝国陸海軍作戦計画大綱」(45年1月20日)による本土決戦準備のための陸軍再編成の一環として発足したものだ。この上級司令部が首都・関東地方全体を統括する、東部軍管区ということになる。

宇都宮師管区司令部は、このうち、栃木県・茨城県・群馬県3県を管轄する北関東の最高司令部ということになる。

さて、宇都宮には、この他にも重要な戦跡が残されている。

この中で知られているのがあの中島飛行機の宇都宮製作所城山機体工場などの跡だ。これは「宇都宮・大谷地下工場跡」として、市内大谷町に残されている2万平方㍍の巨大空間だ。

この地下工場は、45年4月から操業開始され、工作機械1600台が設置された。ここには正規従業員の他、徴用工、女子挺身隊員など1万5千名余りが働いていたとされる。

この大谷地下工場跡には現在、大谷資料館が建てられており、あの2011年3・11の大震災までは公開されていたが震災後、崩落の危険ありとして、閉館になっている。

第6章　本土決戦の最後の砦として築かれた松代大本営

松代大本営・象山地下壕のある象山

■碁盤の目のように掘られた象山地下壕跡

多数の見学者が訪れる松代戦跡

夏休み中であるからなのか。松代大本営跡には、たくさんの人々が見学に来ている。7月下旬のこの日、ガイド付の団体客を含めて50人以上が訪れていた。

90年の公開以来、年間十数万人がここを見学するというから、戦跡としては異例だ。

しかし、たぶんに多くの人々がこの地の見学に来るのは、ここが大本営跡であるからだけではない。この戦跡は、常時公開されているだけでなく、常時受付の係員がおり、ヘルメットまで貸してくれるというサービスぶりなのだ。もちろん、ヘルメット代も入場料も、無料である(長野県の平和問題への取り組みが示されている)。

松代象山地下壕

この地下壕見学の盛況さとは裏腹に、松代町は寂れている。長野市からバスで約30分、長野電鉄の松代駅へ着くと、まるで人影がない。インターネット情報によると、この駅でレンタサイクルが借りられるとあるが、その置き場には何もなく、看板だけが掲げてある。どうしたのか。周辺に誰もいないから尋ねようがない。

後で地元の人に聞くと、長野電鉄のこの路線は廃止され、駅も廃舎になっているという。なんということか！

しかたなく、歩いて象山地下壕に向かう。松代というところは、真田十万石の城下町というだけあって、至るところに城跡や武家屋敷跡が残る。町の人々は、屋敷跡の長い塀の木陰でのんびり涼んでいる。

ようやく、象山地下壕にたどり着き、壕内へ入る。外の暑さとうって変わり、壕内はとても涼しい。坑道は日吉台や赤山と違い、素掘りのままだ。あちこちに剥き出しの岩がはみ出ている。敗戦時には、およそ80％しか完成しなかったというから、コンクリートで固める余裕もなかったのか。

地下壕内は、ほとんどがライトがついているので手持ちのライトはいらないほどだ。そして壕内を進むと、要所には必ず説明板がある。「削岩機ロッドによる穴の跡」「坑道工事の労働者の書いた文字跡」などなどが、丁寧に説明されている。

壕の最深部には、ここを訪れた子どもたちの折り鶴などが捧げられている（191頁）。関西方面の子どもたちが多いが、子どもたちはここを見て何を感じたのだろうか。

この松代大本営の建設が決定されたのは、1944年秋である。マリアナ諸島が陥落し、本土決戦が切迫する中、当時の陸軍大臣・杉山元が命令、工事は同年11月11日に始まった（この工事は、略して「マ工事」と呼ばれた）。

この工事は、翌45年8月まで約9カ月間、およそ当時の金で2億円、延べ300万人の労働者を使用し、1日3交代の徹夜で行った。この中には、強制連行された多数の朝鮮人がいた。

大本営が工事を急いだのは、この地が本土決戦の最期の地であり、戦争の最高責任者たちが立て篭る場所であったからだ。そして、大本営が、この松代を地下司令部として選んだのは、本州の最も幅の広い土地にあり、岩盤が固く、近くに飛行場もあるという理由からだ。

現在、この象山地区で公開されているのは、約500メートルだが、ここだけでも坑道の総延長

は、5853㍍もあったのだ。

この象山地区は、イ号倉庫（全て「倉庫」と呼ばれた）と呼ばれたが、この他にも周辺地域を含めて多数の地下壕が掘られた。

まず、イ号倉庫は（187頁の図）、政府・NHKが入る予定で、間仕切り部屋大17個、小部屋34個を数え、4千人分のトイレまで据え付けられていた。ここは本坑・連絡坑とも、幅4㍍、高さ2・7㍍で統一されて造られている。

また、ロ号倉庫（舞鶴山壕）は、大本営と仮皇居の入居が予定され、500人分のトイレが用意されていた。この地下壕の総延長は約2600㍍で、地上には天皇・皇后が入る平屋の仮御座所が建てられた（1号庁舎～6号庁舎。1～5が天皇と宮内庁、6号が大本営入居）。

そして、ハ号倉庫（皆神山壕）は、皇族の入居が予定され（地盤が悪いためのちに食料庫に変

更）、大小15個の部屋と千人分のトイレが用意されていた（総延長は約１９００㍍）。

この他にこの松代周辺地帯では何カ所もの地下壕が建設されていた。それがニ号倉庫（須坂町の鎌田山の送信施設）、ホ号倉庫（都住村の雁田山の通信施設）、ヘ号倉庫（須坂町臥竜山の送信施設）などであり、西条村の弘法山には天皇の賢所《かしこどころ》が（天皇の権威の象徴としての「三種の神器」のうち、鏡を祀る場所）、安茂里村小市には、海軍壕が造られつつあった。

いわゆる松代大本営地下壕というのは、この中の象山・舞鶴山・皆神山のことをいうが、これだけでも壕の総延長は、10キロ以上に及んでおり、これらのうちの平均では75%が完成していたといわれる。なお、これらの地下壕は、舞鶴山のロ号倉庫の一部が公開されているが、皆神山のハ号倉庫などは公開されていない。

象山地下壕入口に建立された朝鮮人慰霊碑

これら地下壕の建設を行ったのは、陸軍の工兵隊であったが、実際にその労働力を担ったのは、朝鮮人約7千人、日本人約3千人であった。

このような地下坑道建設には、一般的にも過酷な労働環境がもたらされるが、この本土決戦切迫という突貫工事の中で、ここでも多くの犠牲が生じたのだ。

正確な犠牲者は、現在でも分からない。だが、その数は300人とも千人とも言われる。そして、この地下壕の公開の中で松代象山壕跡には、関係者によって「朝鮮人犠牲者追悼平和祈念碑」が建立された（下）。全国の地下壕建設のほぼ全てに、強制連行された朝鮮人たちが動員されたが、慰霊碑が建つのはこの地だけだ。

■天皇の地下御殿・舞鶴山壕跡

深い地下抗道内の御殿

象山地下壕と違い、ここ舞鶴山地下壕には人っ子一人としていない。だが、天皇と大本営が入る予定のこの場所が、松代の中枢部だ。

象山から川沿いにどんどん山手の方角に進むと、そこの左手にトイレと案内板がある。ここがロ号倉庫の入口だ。川を渡ると、その第一の入口がすぐに見える（下・左頁はその全図）。

ここは完全に封鎖され、地震関係の機材がある。少し山の方に登っていく。そうすると、一連の平屋の建物が現れる。ここが天皇の仮御座所である。

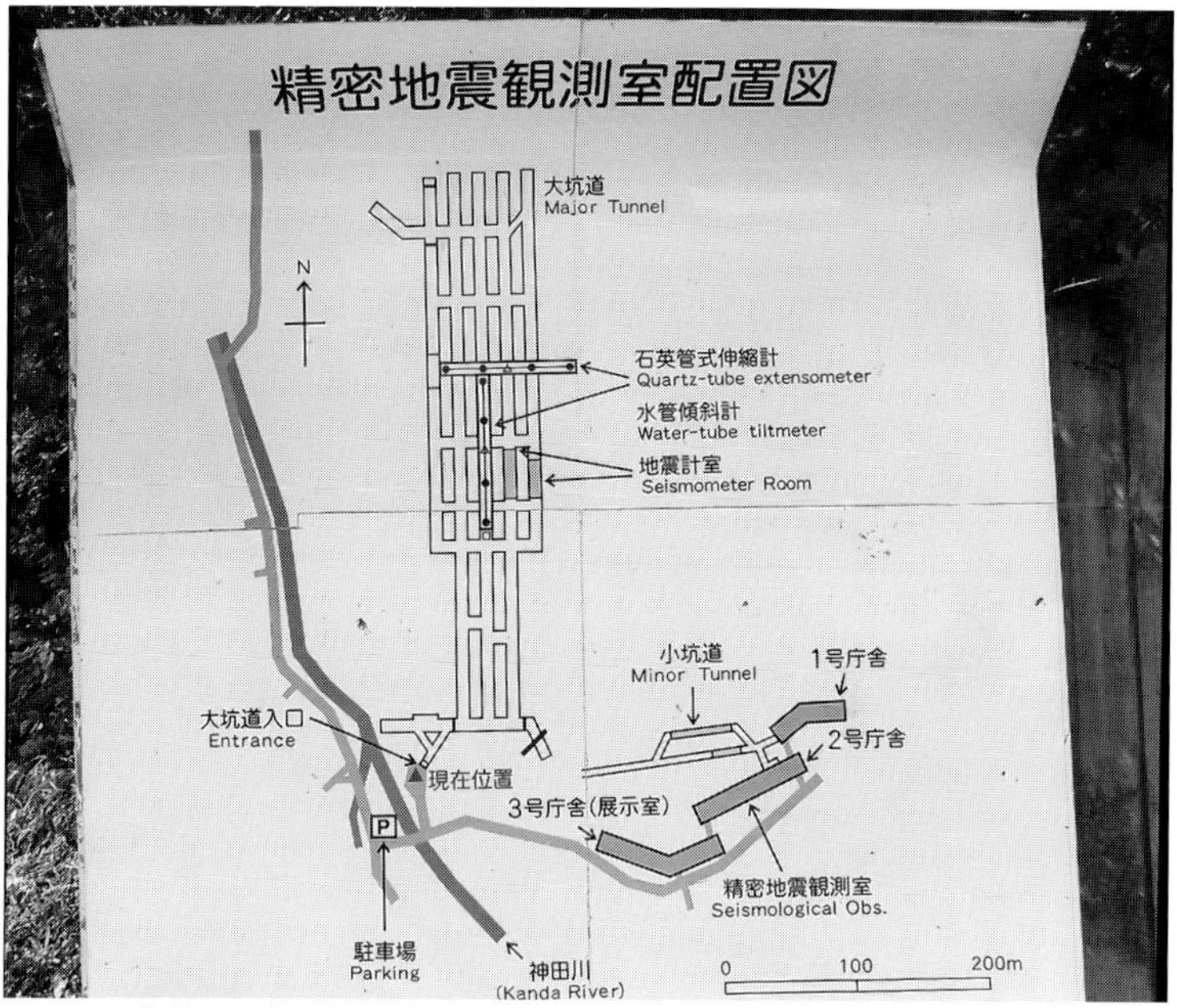

ロ号倉庫の全容。山の中腹から南へ向かい５本の壕が掘られた

ところで、この天皇の仮御座所の平屋の建物を始め、この舞鶴山の地下壕は、現在、気象庁精密地震観測室として使用されており、坑道内も建物も気象庁が管理している。

しかし、この地下壕の一部と天皇の仮御座所の一部は見学ができるようになっている。

まず、気象庁の観測室へ入ると、２階に通じる廊下から天皇・皇后の「地下御殿」へ入ることができる。地下壕は、長い坑道になっており、急な階段を降りてゆく（次々頁）。地下御殿は、仮御座所から降りられるが（次頁図）、この長さは51㍍、幅４㍍、10トン爆弾に耐えるよう設計されている。この内部には、今は精密地震計が置かれ、立ち入ることはできないが、この深い空間を創造してみると、とても興味深い。

天皇は、本土決戦があったとするなら、この深い暗闇で、果たして何を考えていたのか？

終戦後庁舎全景
地下壕へ
天皇の間予定跡
皇后の間予定跡
地下壕へ
I号庁舎
II号庁舎
玄関
現気象庁精密地震観測室

仮御座所などの概略図

坑道内の文字。労働者によって書かれた

松代地震センター
この右上が仮御殿

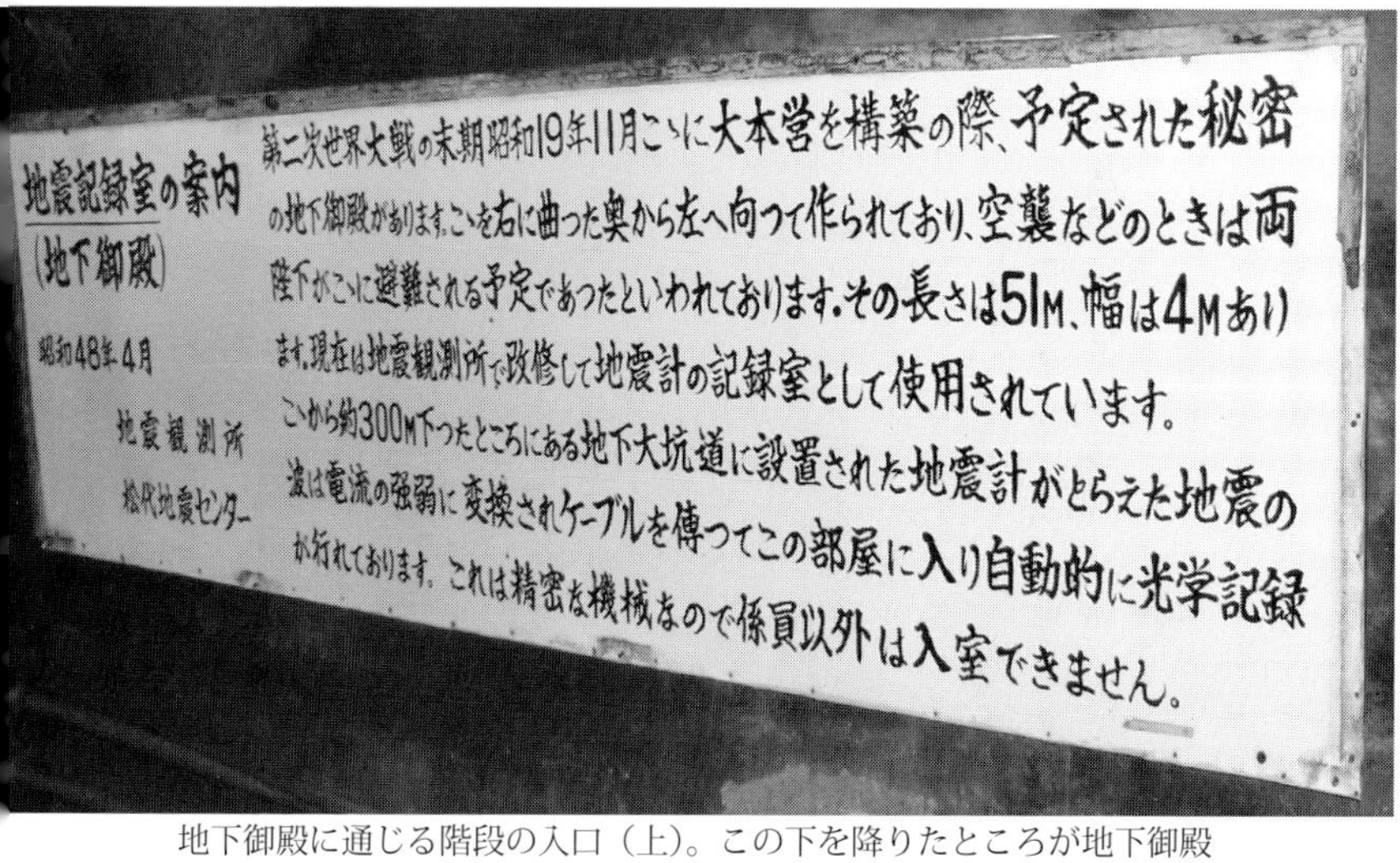

地下御殿に通じる階段の入口（上）。この下を降りたところが地下御殿

コンクリートで厚く固められた仮御殿

この地下壕を抜け、平屋の建物がある「松代地震センター」の方へ来ると、その上に天皇の仮御殿が見える（右頁上）。階段を上り、その建物内を除くと和室が見える（写真上、内部には入れないが外からは見学できる）。

和室の中には、7・5畳の部屋二つと小部屋一つが見える（上）。手前に縁側がある。窓際を見ると爆撃用なのか、壁の厚さは20センチぐらいのコンクリートで造られている（右頁下）。仮御殿だからか、とても質素な造りだ。米軍の爆撃がないときは、ここで居住する予定の場所である。

天皇は大本営首脳から松代への移転を聞いたとき、「自分はそんなところに行かない」と言ったという話があるが、これは全くの作り話だ。

横浜市保土ヶ谷区狩場町にある英連邦墓地。下はその中のパキスタン・インドの墓地
墓地内の墓には、それぞれに家族のメッセージが添えられている（頁中）

■日本で戦死した英連邦兵士達の墓地

横浜市には、アジア太平洋戦争で戦死した「英連邦戦死者」墓地がある。戦前、連邦を構成したイギリスを始め、カナダ、オーストラリア、ニュージーランド、南アフリカ、インド、パキスタンの兵士達がここに眠る。

日本に墓地が建てられたのは、英連邦は戦死した地にその戦死者を埋葬することにしていたからだ。

第7章　韓国・済州島の本土決戦態勢

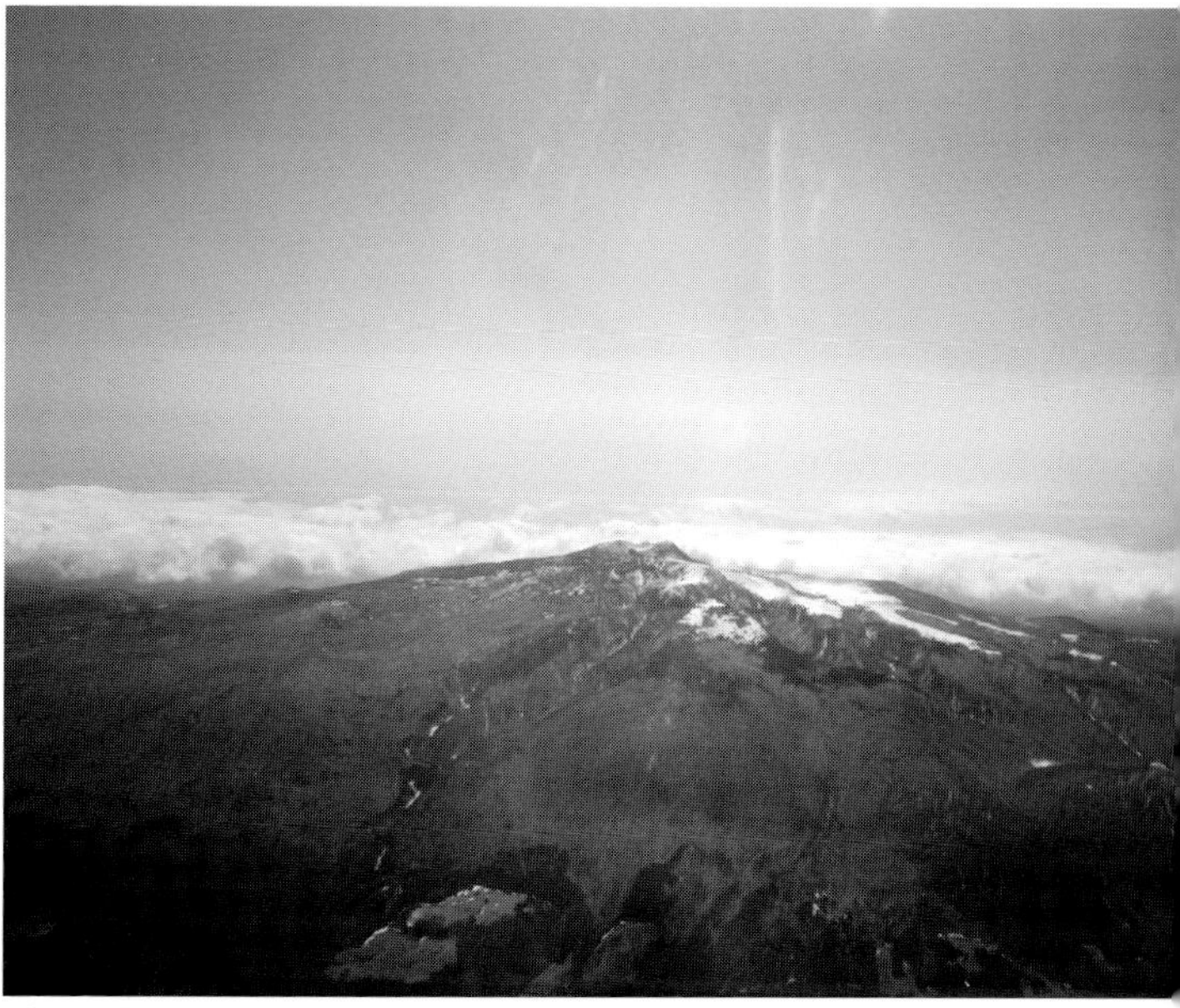

韓国最高峰の漢拏山（ハルラサン）

■韓国・済州島に残る
膨大な日本軍の戦跡

山頂に聳え立つトーチカ

2012年2月、筆者は韓国・済州《チェジュ》島にある済州歴史文化振興院の招待で、同島を訪ねることになった。島の戦跡調査と、中部太平洋、特にグアムの戦跡の現状を報告するためだ。

この日、済州島上空は、快晴である。大韓航空の機長は、サービス精神満点。韓国最高峰の漢拏《ハルラ》山の周囲を大きく旋回してくれたのだ。お陰で章扉のようなすばらしい写真が撮れた。

それはともかくとして、到着早々、先の歴史文化振興院の方が案内してくれたのは、御乗生岳《オスンセンアク》山頂（標高1169㍍）にあるトーチカだった。

うわさには聞いていたが、こんな山頂にある

トーチカは、初めて見た（前頁・上）。

このトーチカは、なぜこんなところに造られたのか？　この理由は追って説明しよう。

トーチカの銃眼は二つあるが、山を見下ろすかたちで済州市の正面方向、そしてその少し右方向を向いている。もう一つ驚いたのは、このトーチカのコンクリートの厚さだ。測ってみたら優に2㍍はある。トーチカ自体の大きさは、縦横とも2㍍ぐらいでそれほど大きくない。

この山頂にトーチカはもう一つある。こちらのトーチカは、雪に埋もれてしまいよく見えないが、コンクリートの厚さは1・3㍍（上）。

また、このトーチカの周辺には、斜面に坑道があるという。これも雪に埋もれて確認できなかったが、その長さは130㍍に及ぶとされる。ここに済州島駐屯の日本陸軍第58軍傘下の兵士たちが、立て篭もっていたのだ。

アルトゥル飛行場跡の掩体壕群

山頂のトーチカにも驚かされたが、済州島でもう一つ驚いたのが、アルトゥル飛行場跡周辺に残された数々の掩体壕であった。

次頁のように、見渡す限り田畑の中にたくさんの掩体壕が並ぶ。いくつもの掩体壕が等間隔で並んでいる。掩体壕は、有蓋のものが19基残っているというが、ここまであると壮大だ。そして、この掩体壕とその向こうにあるお椀型の山（山房山《サンバンサン》）が、ある種の奇妙な風景を醸し出している。

さて、このアルトゥル飛行場跡があるのは、済州島の西南、西帰浦《ソグィポ》市大静邑《テジュンウプ》だ。ここに１９３１年、海軍の航空基地が建設され、大村航空隊が移駐してきた。時代は日本の中国侵略が本格的に始まる時期に当たる。そして、中国との戦争が始まると、ここは中国大陸への渡洋爆撃の中継基地として強化されていく。

ところが、この時代、済州島には日本軍は、わずか千人余りしかいなかったという。

しかし、本土決戦が切迫してくる１９４５年初頭から、済州島の要塞化が始まり、この中で多数の掩体壕群が構築され始めたのだ。この構築には、膨大な島民が動員されたと言われる。

海軍・アルトゥル飛行場の跡地は？

さて、少しこれらの掩体壕を覗いてみよう。まず、一番近くにある掩体壕からだ（２０７頁）。ここにあるのは、ほとんど規格が同じといわれる。これらはだいたい、間口（幅）が20㍍、高さが4㍍、長さが10・5㍍。日本本土のもの

とほとんど同じぐらいだろう。つまり、戦闘機用の格納掩体壕である。
この掩体壕が連なる近くには、だだっ広い草地が広がっている（208頁下）。山裾から海岸近くまで広がる草地だ。ここには今、立入禁止の標識が掲げられている。現在、韓国空軍の臨時飛行場に使用されているという。
まさしく、この場所が日本海軍の航空基地であったのだ。周辺には、掩体壕ばかりでなく、基地施設の残骸も少なからず残っている。

アルトゥル飛行場跡の掩体壕の上。下は同飛行場跡

アルトゥル飛行場跡の掩体壕の内部。下は内側から外を見る

海軍の指揮所地下壕跡

この航空基地跡と掩体壕付近に残っているのが、海軍の指揮所跡である（下）。こんもりとした山になっているから一見、掩体壕と見間違えるが、ここはそうではない。

地下壕の入口にある案内には、「アルトゥル飛行場日帝地下バンカー」と明記される。

中に入ると結構広い。全体がコンクリで固められている。大きさは長さ30㍍、幅20㍍の長方形。電気が通してあるから、灯りは必要ない。

地下壕といっても、半地下式だ。構築時期は分からないが、おそらく45年に入って造られたものだろう。

壕の上に生えている草や木々が、ちょうど偽装の役目を果たしてくれている。基地周辺は、この他にも旧海軍の施設が跡が残されている。

제주 모슬포 알뜨르비행장
일제지하벙커

特攻基地回天の壕

アルトゥルの掩体壕群を後にし、島をもう少しだけ南へと行く。そうすると、済州島一、二を誇る風景明美な海岸沿いに出る。ここが、「兄弟島《ヒョンジェ》」のある入り江だ（左下の二つの島）。

ところが、この入り江の右手の辺り、ちょうど松岳山《ソンアクサン》の下にたくさんの洞窟が見える。ここが特攻基地「回天」の壕跡だ。壕は、18個もあり、坑道の長さは平均して約40㍍である。

特攻基地の壕が、これだけそろっているのも壮観だ。いや、感心ばかりしてはおれない。これでは、米軍から秘匿するのは難しいのではないか？　さいわい、この回天の部隊は、配備するには至らなかったという。

済州島には、こうした特攻基地が多数造られている。この松岳山海岸の他に、近くの西帰浦《ソグィポ》市三梅峰《サンメボン》海岸に12個、済州市犀牛峰《ソウボン》に18個、高山里水月峰《コサンリスウォルボン》に10個、そして、城山邑日出峰《サンサイルチュルボン》に18個である。

これらの壕の中には、特攻兵器「回天」の他に震洋、海龍などの特攻兵器もあるが、実際、ここに配備されたほとんどは、震洋の部隊であったという（第45・第119・第120震洋隊）。

この海岸近くの畑で集団で大根の収穫を行う村民たち

地下坑道戦を想定した日本軍

さて、この松岳山海岸から北へ、済州市の方に戻ったところに「平和博物館」がある。これは、館長李英根《イ・ヨングン》さんが、私費を投じて建設した会館だ（下）。

博物館の中は、日本による植民地支配の歴史の他、日本軍の武器・装備、韓国軍の装備品など、多数が展示されている。ここには、韓国国内から年間20万人以上が訪れる。

さて、ここはあるのは博物館だけではない。館の裏に日本軍の地下壕戦を想定して造られたと思われる、巨大な地下壕も公開されている。

「済州カマオルム日帝洞窟陣地」というそれは、済州島に無数にあるオルム（火山の噴火によって作られた側火山）の一つを利用した巨大地下壕だ。ここは、総延長1・9キロ、出入口30カ所

들어가는곳
The 1st Tunnel Position Entrance
第1地下阵地 入口

といい、このオルムの内部に縦横無尽に壕が掘られている。この特徴は、日本国内の地下壕と違い、この山を徹底して利用し、三階建て構造で造られていることだ（左の全図参照）。

実際、地下壕内に入ってみると、あちこちに上下へ通じる階段がある。洞窟自体は狭く、人一人がやっと通れるほどだ。

内部には、当時を物語る様々なモニュメントが設置。会議室（上）では、実際に会議をしている様子が、司令官室（左下）では、執務中の司令官などが展示されている。

しかし、網の目に巡らされたここは、単なる地下司令部ではなく、この壕を利用しての遊撃戦を構えていたことが分かる。

ここに配置されていた部隊は、未確認であるが、周辺には第１１１師団の第２９３・２９４連隊が駐屯していたという。

この地下壕上のオルムの山頂は、済州島の西南部一帯をはじめ、全周が一望できる位置にある。まさに、ここは地下司令部であり、地下要塞でもある。

この地下壕は、現在、予算不足の中で、一部しか公開されていない。だが、貴重な戦跡として、もっと全坑道を公開してほしいと思う。館長の李英根《イ・ヨングン》さんも、切にそう願っている（左頁真ん中が李英根さん、左は歴史文化振興院事務局長の李允珩《イユンヒョン》さん、右が筆者）。

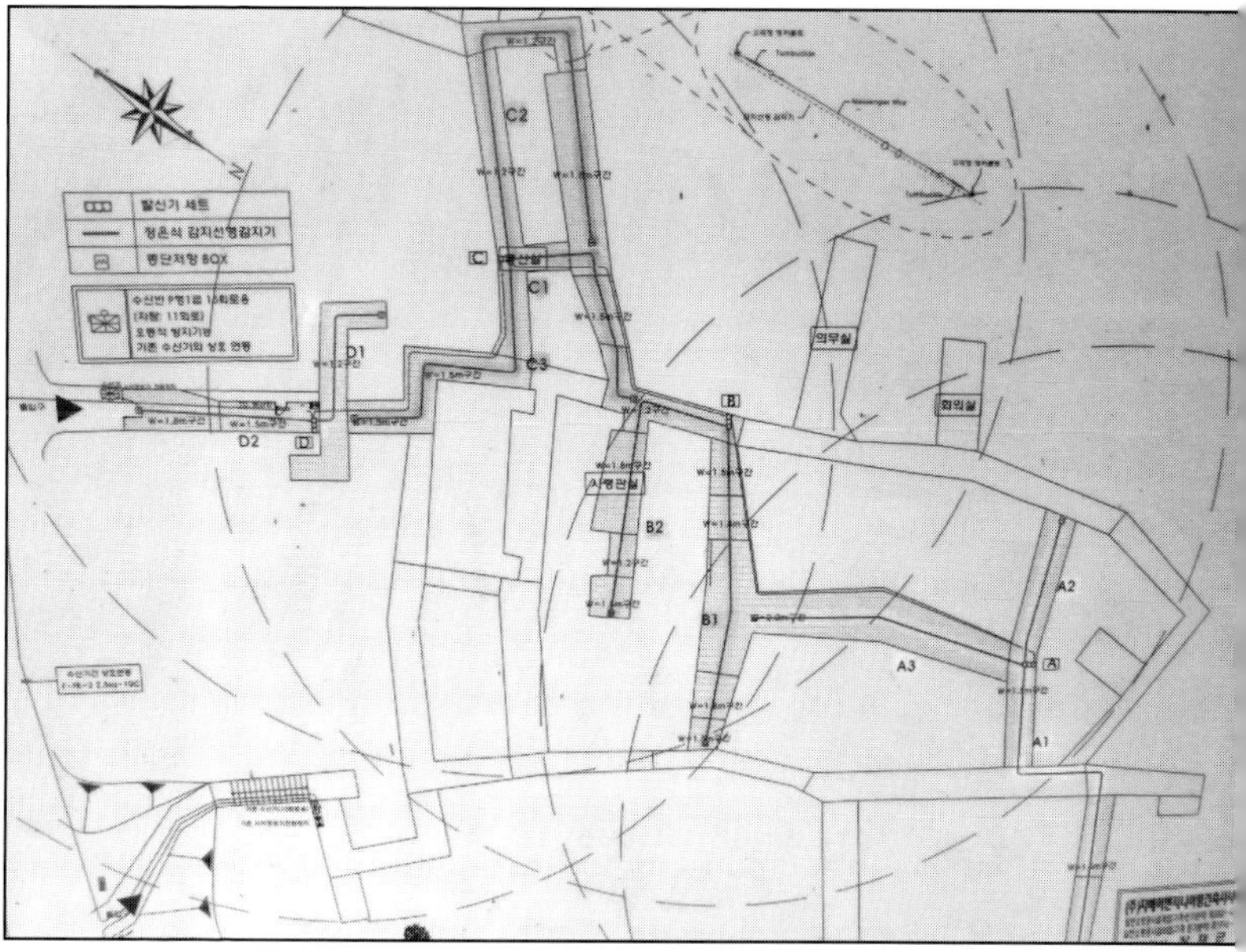
발신기 세트
C2
C
C1
C3
D1
D2
D
B
B1
B2
사령관실
의무실
회의실
A
A1
A2
A3

전쟁역사평화박물관

■解説　本土決戦の重要拠点に位置付けられた済州島

「決七号作戦」に組み込まれる!

済州島は、なぜ本土決戦に投入されようとしたのか? 本来、日本本土でもないこの島が、本土決戦態勢に組み込まれたのは、いくつかの理由が考えられる。

まず、最初に想定されるのは、植民地・朝鮮を絶対に手放したくないという政治的思惑だ。1910年の韓国併合以来、植民地支配を行ってきたのだから、当然「日本本土」としての位置付けも出てきたと考えられる。

しかし、実際には、本土決戦態勢のための軍事的思惑が大きかったと思われる。

当時、大本営が想定したのは、すでに述べて

済州4・3平和公園内の刻名碑。碑には犠牲者の氏名などが刻まれている

きたが、関東地方と南九州地方への米軍上陸であった。この中で、南九州上陸の場合、米軍は50万人以上の兵員、数百隻の艦隊を大動員するということになるから、当然、空母以外の前線基地を必要とする。

この前線基地の役目として期待されたのが済州島ということになる。いわば、北海道が本土防衛の「前縁」とされたように、済州島もその役割が期待されたのだ（済州島が朝鮮・対馬海峡に近いことから、この海峡突破を測る米軍の阻止という想定もあった）。

もっとも、これは大本営の想定であり、米軍の本当の作戦は確認されていない。少なくとも、こういう想定をもとにして、日本軍の済州島の軍事的強化が始まったのだ。

済州島での本土決戦態勢が始まったのは、1945年初めである。この年頭から島では、臨時砲台の設置や海岸の陣地構築が始められたと言われる。

だが、済州島での本格的要塞化が始められたのは、あの「決号作戦」の決定の後だ（45年4月。「決七号作戦」）。

すでに、同年3月に陸軍第96師団、独立混成第108旅団など、約2万人の兵力に増強されていた島は、この決定後の5月には第111師団の増強で約3万6千人に、そして8月前には、約7万人の大兵力にまでなっていた。

大本営の予測では、米軍上陸は9〜10月、その兵力は2〜5個師団と見ていたから、この日本軍の兵力もそれなりに大きい。

参考にいうなら、当時の朝鮮半島の日本軍の兵力は約23万人である。このうちの3分の1の兵力が済州島に集中したということだ。もちろん、この中には、あの関東軍から転進してきた部隊もあった。

この決号作戦の決定の中で、朝鮮は第17方面軍の管轄とされたが、済州島だけは分離独立し、第58軍司令官の管轄とされた。そして、その傘下に、3個師団・1旅団が編成されたのである（もう一つの師団が、ハルピンから移動してきた第121師団。また、海軍は、アルトゥル飛行場以外に三つの飛行場を造った）。

持久戦・遊撃戦下の島の要塞化

さて、この動員下で推し進められたのは、済州島全島の要塞化であった。具体的には第一に、米軍を洋上で撃滅するために震洋などの特攻兵器部隊を全島に配置することである。この特攻部隊の出撃基地が、すでに述べてきた松岳山海岸などの洞窟陣地である。

第二に行われたのは、島の一定の地点への縦深陣地―複郭陣地の構築だ。これは現在、済州島では調査中ではあるが、島内368カ所のオルムのうち、約120カ所に洞窟陣地が造られたという。この縦深陣地の一つがカマオルムだ。また、すでに紹介してきた、御乗生岳のトーチカも、この中の一つだ（済州島の海岸に、トーチカがほとんど見あたらないのはこの作戦による。また島には多数の地下壕が存在するが、松岳山の地下壕は、全長15キロにものぼり、松代大本営跡の地下壕よりも長い）。

つまり、本土決戦において、関東方面で徹底して採られた水際陣地作戦ではなく、縦深陣地がここでの作戦であったのだ。言い換えると、済州島で日本軍は、徹底した持久戦―遊撃戦・ゲリラ戦を採ろうとしたということだ。

沖縄戦を繰り返そうとしたのか？

縦深防御―持久戦というと聞こえはいいが、兵士たちを文字通り、虫のように殺すのが水際作戦だとすると、持久戦は住民たちをこれまた虫のごとく殺してしまう作戦である。この実態は、およそ10万人近くの住民が、戦争に巻き込まれ、殺された沖縄戦が教えている。

済州島では、これらの地下壕などの構築のために全ての島民が強制動員された。島では、もともと南洋諸島や本土の地下壕建設・炭坑などに多数が動員されていたが、ここにきて老若男女全てが動員されたのだ。

また、村々では、駐留してきた日本軍兵士たちのために家・農地はもとより、穀物は軍糧として、家の中の金物は陣地の材料として徴発されていった。

特筆すべきは、済州島も朝鮮本土と同様、すでに徴兵制が適用され（1944年）、青年たちは軍に動員されていたということだ。その中で、この済州島では約7万人の兵士のうち、約2万人が朝鮮人の兵士であったといわれる。

だが、ここで動員されたのは、島の青年たちだけではなかった。45年5月以降は、少年隊・少女隊・婦人隊・青年隊・壮年隊など、島中の住民が遊撃戦部隊（避難訓練を含む）に編成されたのだ。

まさしく、あのサイパン戦や沖縄戦で繰り返された全島玉砕戦法である。もしも、この島で本土決戦のための戦争が行われたとするなら、言うまでもなく沖縄戦と同様、いやそれ以上のむごたらしい犠牲が生じたことは疑いない。

すでに、言及してきたが、済州島では、国の支援を受けて、こうした日本軍の戦跡を平和の学習のために後世に残す運動が広がっている。紹介してきた、日本軍の洞窟陣地・掩体壕・特攻基地など13カ所がすでに、「近代文化遺産登録文化財」として指定されている。

この活動を担っているのが、済州歴史文化振興院である。この振興院は、毎年調査活動を広げて新たな戦跡を発見している。この振興院の活動を、日本政府はもとより、各地の団体も見ならうべきであろう。

済州島は、美しい島だ。まさしく、火山島といわれるだけあって、島の至るところにオルムがある。海岸地帯の洞窟は、まるで「宝島」のような風景をしている。

こうして済州島は、現在、島全体が世界遺産として登録されている。この美しい島を二度と「軍隊の島」「軍事要塞の島」としてはならないと思う。

済州島西海岸の飛揚島（ビヤンド）

著者略歴

小西　誠（こにし　まこと）
1949年宮崎県生まれ。航空自衛隊生徒隊第10期生。軍事ジャーナリト。著書に『自衛隊の対テロ作戦』『ネコでもわかる？ 有事法制』『現代革命と軍隊』『自衛隊そのトランスフォーメーション』『日米安保再編と沖縄―最新沖縄・安保・自衛隊情報』『サイパン＆テニアン戦跡完全ガイド―玉砕と自決の島を歩く』『グアム戦跡完全ガイド―観光案内にない戦争の傷跡』（以上、社会批評社）ほか多数。

●本土決戦　戦跡ガイド（Part1）
――写真で見る戦争の真実

2012年10月5日　第1刷発行

定　価　（本体1600円＋税）
著　者　小西　誠
装　幀　根津進司
発　行　株式会社　社会批評社
東京都中野区大和町1-12-10小西ビル
電話／03-3310-0681　FAX／03-3310-6561
郵便振替／00160-0-161276
URL　http://www.alpha-net.ne.jp/users2/shakai/top/shakai.htm
Email　shakai@mail3.alpha-net.ne.jp
印　刷　シナノ書籍印刷株式会社